살아남는
식당은
1%가 다르다

살아남는 식당은 1%가 다르다

| 일러두기 |

이 책은 〈장사, 이번엔 제대로 해보자〉의 개정판입니다. 현재 시점에 맞도록 전체 내용을
새로 구성했으며, 각 장마다 새롭게 '컨설팅 보고서'를 추가했습니다. 특히 새롭게 추가된
'컨설팅 보고서'는 식당을 운영하거나 준비하는 분들에게 많은 도움이 될 것입니다.

살아남는 식당은 1%가 다르다

| 이경태 | 지음 |

천그루숲

이 책은 짜장면은 팔지 않고 짬뽕 하나만 만들어 파는 식당과 같은 책이다. 이것저것이 아니라 '관여도'라는 개념 하나로 식당 장사에 대한 긍정적 방향을 설명하고자 한다. 책 한 권을 여러 날에 걸쳐 읽는 습관이 있다면 이 책은 도움이 되지 않을 것이다. 읽어도 진도가 나가지 않을테니 말이다. 그러나 단숨에 개념 하나를 깨우치고자 한다면 이 책이야말로 마케팅을 뛰어넘는, '홍보가 왜 필요하지?'라는 말을 할 수 있는 깨달음을 던져 줄 것이다. 필자 역시 이 깨달음은 10년 동안 컨설팅을 하며 맨땅에 헤딩한 끝에 얻는 선물이었고, 이 선물로 인해 그 후 10년 동안 승률 8할이라는 무시무시한 업적을 이어서 달려왔다.

다시 말하지만 필자가 깨달은 '관여도'는 10년차가 되었음에도 밥벌이가 신통치 않아 '컨설팅을 접어야 하나' 하는 고민을 할 때 불현

듯 정리된 팩트였다. 가게가 작을 때, 분위기가 남다를 때, 메뉴가 많아야 할 때, 메뉴가 집중될 필요가 있을 때 등 장사의 모든 것이 나름의 논리로 설명이 되고 분명한 법칙이 있음을 10년이 지나 숱한 경험이 쌓인 후에야 얻을 수 있었다.

그리고 관여도를 완전히 숙지했을 때 그것의 결과물은 '원가'와 '상품성' 바로 두 가지였다. 즉, 퍼주는 것이 능사가 아니라 퍼줘야 할 포인트를 '찾아야' 하고 '만들어야' 하고 '보여주어야' 한다. 생각 없이 퍼주는 손은 그냥 큰손일 뿐이다. 손님이 반응하도록 퍼주어야 한다. 손님이 '정말 나에게 이로운 가게구나'를 느끼도록 퍼줘야 하는 것이다.

그러자면 원가의 함정에서 빠져나와야 한다. 그릇당 단가가 아니라 하루 판매량, 한 달 판매량의 볼륨을 따져야 하는 것이다. 그릇당 마진이 아니라 하루 매출, 한 달 매출에서 나에게 필요한 파이를 얻어내야 한다. 한 그릇 마진이 5천원이면 뭐하겠는가. 하루에 스무 그릇을 판다면 10만원을 겨우 쥐고 들어갈 뿐이다. 하지만 그릇당 마진이 2천원이라도 하루 백 그릇을 판다면 20만원을 가져갈 수 있다(물론 거기에 들어가는 인건비며 광열비 등은 무시한다. 왜냐하면 원가를 깨부시면 겨우 20만원이 아니라 100만원, 200만원의 이익을 가져갈 수 있고 그것을 보여주는 생생한 식당들이 지천으로 널려있기 때문이다. 식사를 마치고 "이렇게 주고도 남아요?"라고 말했던 그 가게들 모두가 여러분은 상상도 못하는 월 수익을 올리고 있다는 것을 이제는 부러움으로 의심해도 좋을 것이다).

여기서 오해하지 말았으면 하는 것이 바로 저단가로 박리다매를 해야 하는 게 아닌가 하는 점이다. 필자는 저가판매를 질색하는 쪽이다. 받을 거 다 받아야 하고, 더 나아가 남보다 조금이라도 더 받았으면 하는 마음이다. 가격은 높이되, 마진만 조금 손님에게 양보하라는 신념을 가지고 있다. 되도록 가격은 올리고, 올린 가격을 손님을 위해 투자하면 결국 그 이득은 몇 배로 돌아온다는 결과를 숱하게 보아왔다. 마진을 양보한다는 것은 원가를 높인다는 뜻이다. 원가에 더 투자하는데 중요한 것은 '어떻게'와 '어디에서'일 것이다.

가장 곤란한 것이 바로 그 '어떻게'와 '어디에서'이다. 그것은 글로써 전달하기가 여간 곤혹스러운 부분이 아니다. 그래서 최대한 능력껏 독자들이 필자의 '이기는 장사를 위한 생각의 전환'을 이해할 수 있도록 조금은 지나칠 정도로 설명하려 한다.

업종에는 모두 저마다의 특징이 있다. 그래서 마케팅 전략도 달라야 하고, 규모·시설·입지의 승부수도 달라져야 한다. 고객 창출과 유지 또는 폐쇄적 전략이 먹힐 수도 있는 것이다. 그래서 뻔히 알고 있는 업종의 이해는 반드시 넘어야 할 산이다.

그리고나서는 관여도가 무엇이고, 어떻게 적용되고, 어떤 식으로 구분될 수 있는지를 깨달을 때까지 여러 번 지겹도록 읽어내야 한다. 이것이 해결되지 않으면 왜 원가에 함정이 곳곳에 도사리고 있는지를 이해할 수 없다. 관여도의 분량이 많은 까닭은 그것이 원가보다 중요한 것이 아니라, 원가의 함정이 얼마나 무서운 것인가를 절실하게 느끼는 핵심적 바탕이 되기 때문이다.

책을 본격적으로 읽기 전에 관여도에 대해 간단히 설명하면 '관여도란 손님이 소비를 결정하기 전에 스스로에게 간섭하는 정도'라고 할 수 있다. 즉, 자주 소비하는 물건이나 가격이 싼 물건을 살 때는 스스로에게 간섭이 덜하지만, 특별한 날에 하는 소비나 가격이 비싼 물건을 살 때는 스스로에게 간섭이 심하다는 것이다. 이처럼 관여도는 대상에 따라, 사람에 따라, 소비자가 처한 상황에 따라 다르다는 것을 염두에 두고 이 책을 읽는다면 이해의 정도가 훨씬 빠를 것이다.

다산의 고향 남양주에서

이경태

차례

제1장 장사, 업종별 특징의 이해가 먼저다!

제2장 관여도를 알면 돌파구가 보인다

제3장 **식당, 관여도로 풀어야 이긴다**

대박 가게, 이렇게 만든다

필자의 홈페이지 〈맛있는 창업(www.jumpo119.biz)〉은 개인이 만든 창업정보사이트 중에서 최고라고 단언한다. 무려 20년 가까운 세월을 버텨내었고, 그것도 매일 하루에 최소 10개를 올린다는 원칙을 지키면서 자료를 업데이트했기 때문에 3만 건에 육박하는 DB를 구축할 수 있었다. 모든 자료는 스스로 공부한 것이고, 경험한 것이고, 깨달은 내용이다. 물론 개인사적인 토로의 흔적도 없지 않지만, 기관이 만든 창업정보도 필자의 홈페이지만큼 오랜 시간 동안 꾸준하지는 않다고 생각한다.

그런 진솔한, 가식과 허례가 없는 사이트이지만 게시물의 공개원칙은 분명히 있다. 바로 '확실한 컨설팅 방안책, 확실하게 돈버는 방법에 관한 것, 컨설팅 효과로 증명해 낸 것'은 비밀로 처리한다는 원칙이다. 자꾸 써먹어야 하기 때문에, 이걸로 돈을 벌어야 하기 때문에 공개하지 않는다. 할 수가 없다. 그렇지 않겠는가?

이 책은 필자가 수십 차례 기립박수를 받은 '원가'의 강의를 강의 내용 그대로 머릿속에 떠올리면서 글로 옮긴 것이다. 횟수로는 90여 회, 인원수로는 약 5천 명에 달하는 청중들에게 전달한 내용이다. 이 내용은 필자가 더 이상 강단에서 써먹지 못하더라도 책으로 전달하고 싶었다. 같이 공유하고 싶었고, 함께 살아남고 싶었다.

그래서 이 책에는 성공으로 입증된 컨설팅 결과도 죄다 공개할 작정이다. 필자는 더 공부하면 될 일이고, 이 책을 읽는 독자는 책 한 권의 값으로 수십 배, 수백 배의 이익을 얻으면 된다는 믿음 때문이다.

강의를 하다보면 관련 업종에 종사하는 점주들의 노골적인 질문을 많이 받는다. 한 번은 업종별 특징에 대한 강의를 마치고 잠시 쉬는데 "저는 노래방을 하고 있습니다. 초창기에 시작해서 돈은 좀 벌었는데, 현재는 경쟁자가 너무 많아져서 현상유지도 버거운 상태입니다. 번 돈이 있으니까 투자는 할 수 있습니다. 단, 현재 자리에서 반전을 꾀해 제 프라이드를 보여주고 싶습니다. 혹시 방법이 있을까요?"라는 질문을 받았다.

질문의 답은 어떻게 처리하면 될까? 의외로 간단하다. 서비스업이 가진 장점 그대로를 살리면 된다. 바로 규모와 시설이다. 이 두 가지를 잘해내면 경쟁자를 누르고 다시 1등을 할 수 있을 것이다. 진심이다. 확실하다.

당시 질문한 노래방 사장님의 가게는 룸이 15개, 규모로는 120평 정도였다. 큰 룸이 15평 정도였고, 나머지는 평균 5~6평 정도 된다고 했다. 질문의 요지는 가게를 이전하지 않고 규모를 키우는 방법이 도대체 뭐냐는 것이었다. 과연, 어떤 방법으로 규모를 크게 만들 것인가? 번 돈이 있으니까 투자야 얼마든지 하겠는데 규모를 어떻게 키워야 할지를 강의를 듣는 내내 생각해도 모르겠다는 소리였다. 여러분은 어떤 방법으로 해결할 것인가?

필자의 답부터 말하면 바로 룸을 통합하는 것이다. 그것이 핵심이다. 이때 어설픈 크기의 룸으로 통합하는 것이 아니라 초대형 룸을 크게 하나 만드는 것으로 소기의 목적을 달성할 수 있다. 15개의 룸을 대형룸 1개와 소형 룸 8개로 만든다. 이때 대형 룸 하나의 크기는 50평 정도로 만드는 것이다. 물론 구조상으로는 그보다 못할지 모르겠지만, 계산상으로는 분명히 120평의 15개 노래방에서 50평의 룸 하나는 만들어낼 수 있을 것이다.

책을 읽고 있는 독자에게 묻는다. 당신이 가본 노래방의 룸 중에서 가장 큰 경험은 어느 정도의 크기였는지 말이다. 아마도 20여 평 남짓한 공간이 가장 컸을 것이다. 단체라고 십수 명이 들어가 놀았던 기억이 전부일 것이다. 필자의 제안은 당신이 가본 최고 크기의 노래방의 룸보다 최소 2~3배 더 큰 크기라는 점이다. 어떤가? 놀만하지 않을까?

동네 조기축구회에서 공을 차는 사람들은 잔디가 깔린 전용 축구장에서, 조금 더 꿈을 꾸자면 상암 월드컵경기장에서 공을 차보는 것이 평생의 소원일 수 있다. 돈으로 해결된다면 소원이랄 것까지 없겠지만, 일반인에게 그런 기회가 주어질 리는 만무하다. 그래서 더 간절하다.

　노래방에서 노래를 부르는 것이야 누구에게나 열려있는 기회다. 그러나 필자가 거론한 것처럼 상상도 하지 못했던 공간에서, 럭셔리의 끝을 보여주는 시설을 갖춘 룸에서 노래를 불러 본다면 얼마나 즐거울까 생각해 보자. 그런 공간을 이용할 기회가 있다면 어떻겠는가?

　룸 대여료는 소형 방의 10배를 받아도 상관없다. 그래봐야 15만원이다. 저렴한 양주 한 병 가격에 불과하다. 양주 한 병을 마시지 않으면 월드컵경기장에서 공을 찰 기회를 얻는 것이다. 외면할 것인가?

　룸이 초대형으로 크기 때문에 물론 단체가 우선이다. 그러나 단체만 이 룸을 이용한다고 곡해해서는 곤란하다. 2~3명 개인도 얼마든지 이용하려 하고, 이용하게 된다. 월드컵경기장이라고는 하지만 거기서 수백 명이 공을 찬다면 흥미는 반감된다. 프로 선수들처럼 양팀 22명이 운동장을 점유할 때 가치가 빛날 것이다. 그처럼 50평 노래방 룸에서 수십 명이 목청껏 부르는 것보다는 친한 친구 서넛이서 독점하는 맛이 대단하고, 색다를 것이고, 그 파괴력은 더 대단할 것이다. 그래서 이 대형 룸은 항시 쉴 틈 없이 돌아가게 된다. 단체는 단체대로 이 공간 외에는 함께 입장이 불가능하니까 찾아온다. 거기에 한 번 호기를 부리고 싶은 개인들도 기꺼이 10배의 값을 지불하고 들어서기 때문에 이 룸은 쉴 틈이 없다. 실제도 그렇다.

　그렇다면 단지 서비스업인 노래방의 룸 하나를 완벽하게 키우는 것으로, 그로 인한 10배의 사용료를 챙기는 것으로 이길 수 있는 것이라고 단정짓지 말자. 이런 제안이 강한 것은 나머지 소형(남들 노래방의 룸과 유사한) 룸 역시도 만석이 되어 돌아간다는 사실이다. 그러려면 대형 룸을 예약받아서는 안 된다. 절대 금지다. 오는 순서, 입장해서 신청한 순서대로 자리가 돌아간다는 원칙을 마련하고 지켜야 한다. 그렇게 되면 일부러 와서 차례를 기다려야 한다. 순서를 부여받았지만 입장시간 5분이 지나면 후순위자에게 차례가 돌아가기 때문에 이용을 원하는 사람들은 소형 룸에서 대기해야 한다. 단순한 대기가 아니다. 소형 룸을 이용해야 하는 것이다. 소형 룸의 대여료는 15,000원. 그렇게 해야만 노래방은 대형 룸은 물론 소형 룸까지 풀로 채워지게 된다는 사실을 알아야 한다.

서비스업은 시간 제공의 싸움이다. 시간은 동일하다. 노래방은 저녁부터 새벽까지가 이용할 수 있는 시간의 전부다. 그 정해진 시간에서 남보다 많은 돈을 벌자면 점유율을 높이고, 회전율을 최대한 채워야 한다.

평범한 크기의 룸만 있다면 그곳은 하루 한 번만 회전할 수 있을 것이고, 룸 절반이 겨우 두어 번 찰지도 모른다. 그런 반면, 필자가 제안한 방법으로 손님들이 들어서는 시간부터 나가는 시간 모두 모든 룸이 쉼없이 돌아간다면 분명히 1등 노래방이 되지 않을까?

이것이 바로 업종의 특징을 이해하고 난 후 컨설팅을 할 때의 결과물이다.

제1장

장사,
업종별 특징의 이해가
먼저다

업종별 특징을 먼저 이해한다면
식당 경영자뿐만 아니라
장사를 하는 모든 분들이
매출 상승을 위한 터닝 포인트가 될
원가의 개념을 뒤집는 기회가 될 것이다

01

왜 사람들은
외식업 창업에 몰릴까?

점포 창업은 열에 일곱 가까이가 선택한다는 '외식업'과 '판매업' 그리고 이 모두를 아우르는 '서비스업'으로 구분할 수 있다. 그런데 이 중에서 사람들은 극단적으로 외식업에 몰린다. 왜 그럴까? 대한민국은 유독 먹거리에 소비가 편중되었기 때문일까?

천만의 말씀이다. 대한민국은 유독 돈이 없는 창업자들이 많은 나라이기 때문이라고 필자는 단언한다. 대한민국은 자본을 모을 시간과 경험을 주지 않는 불안정한 직업 구조 때문에 돈이 없는 창업자가 계속 증가하고 있다고 본다.

'수중에 돈이 없으니 휴대폰 대리점을 해볼까? 옷 가게를 해볼까? 액세서리 가게를 해볼까?'라고 생각해 본 적이 있는가? 이에 대해 조금이라도 시장 사정을 이해하는 사람이라면 코웃음을 칠 것이다. 논리는 간단하다.

"가게는 어디에 차릴건데? 돈이 없는데 도대체 가게를 어떻게 구할건데?"

'돈이 많지 않으니 노래방이나 할까? PC방이나 할까?'라고 생각한 적이 있는가? 경험이 있는 사람은 대꾸도 기가 막힐 것이다.

"10평, 20평짜리 얻어서 뭐에 쓰려고? 그래서 손님이 들어올 거라 생각한다구?"

판매업은 입지, 서비스업은 규모와 시설!

미리 정답부터 말하면 판매업은 입지로 승부하는 장사다. 다른 것이 부족해도 입지가 좋으면 상당한 성공의 가능성을 담보하고 있다. 거기에 다양한 상품을 취급하거나 특별한 상품을 판매할 수 있다면 훨씬 더 이기기가 쉬울 것이다.

그리고 서비스업은 규모가 관건이다. 경쟁자보다 큰 규모를 가지고 있다면 손님의 관심을 이끌어내는 데 유리하다. 거기에 필연적으로 따라야 하는 시설력의 우위가 확실하다면 자리가 다소 나쁘더라도 손님은 몰릴 것이고, 어떤 식으로든 채워질 것이다.

물론 판매업이 규모가 크고 시설까지 훌륭하다면 성공은 따놓은 당상이다. 그러자면 투자가 훨씬 많아질 것이지만 말이다. 마찬가지로 서비스업이 자리가 좋고 월등히 나은 상품까지 취급한다면 성공은 200%일 것이다. 역시나 투자비가 훨씬 더 높아지겠지만 말이다.

결국 외식업은 차선책이다

그에 반해 외식업은 돈이 없는, 돈이 부족한 사람들이 선택하는 어쩔 수 없는 카드다. 다른 것에 관심이 많지만 현실의 벽에 주저 앉고 차선책으로 용기내어 생각하는 업종이다. 그래서 태생적으로 실패의 위험요소가 많다. 좋은 자리도 아니고, 크지도 않고, 투자도 별 것 없고 상품도 흔하게 보는 대중적인 그것이기 때문에 차려도 사람들이 관심을 갖지 않는 것이다. 그리고 이미 그런 종류의 가게는 흔하게

재주가 많아서
여러가지 음식을 하고 싶지만 식당이 작습니다.
솜씨가 좋아서
다양한 음식을 선보이고 싶지만 욕심이 적습니다.

하나라도 잘해서
"우동이 생각날때 찾는 집!"이 되고 싶습니다.
우동한그릇 잘해서
"맛집이 생각날때 떠오르는 집!"되겠습니다.

널려있다.

그럼에도 불구하고 외식업이 속속 오픈하는 까닭은, 그것밖에는 할 것이 없기 때문이다. 그래서 외식업은 슬프다. 아프다. 비관적이다.

그러나 외식업이 가진 특성과 외식업에서 중요한 원가를 잘 비틀고 정확하게 치장한다면 판매업이나 서비스업보다 더 크게 이길 수 있는 강점이 있다. 그런 점에서 보자면 역시 신은 공평하다.

필자는 여러분이 알고 있는 아주 고루한 생각을 부수기 위해 앞으로 긴 이야기를 세밀하게, 쏙쏙 이해가 되도록 설명할 것이다. 이 책으로 인해 더 이상 강단에서 기립박수(공개된 이야기니까)를 받지 못하는 한이 있더라도 필자는 컨설팅 20년의 결산으로 이 이야기를 완성하고 말 것이다.

서비스업은 규모가
커야 이긴다!

노래방에 룸이 많은 곳과 적은 곳. 당신의 선택은?

PC방에 PC가 많은 곳과 적은 곳. 당신의 선택은?

미용실의 의자 수는?

기왕이면 크고 넓은 곳을 선호한다. 규모가 작다고 가격이 싸지 않기 때문에 같

은 값이라면 당연히 넓은 규모에 손님이 몰리기 마련이다. 따라서 지금 당신의

부진은 왜소한 규모 탓일 수도 있다.

낯선 동네에서 갑자기 머리를 손질해야 할 일이 생겼다. 익숙한 체인 미용실을 찾아보지만, 모두 처음 보는 상호들이다. 난감해진다. 중요한 약속시간이 얼마 남지 않았는데 말이다.

이 경우 당신의 선택은 어떨까? 눈 앞에 보이는 여러 곳의 미용실

중 선택을 해야 하는 상황이라면 어디를 들어가게 될 것인가? 아마도 큰 간판(가게가 크니까 간판도 크다)이 붙은 미용실이 우선일 것이고, 스텝도 여럿인 곳(적으면 기다려야 함이 뻔하니까)을 최종 확인한 후에 들어가게 될 것이다.

'역시 큰 곳이니까 머리도 괜찮게 하는구나. 내 판단이 맞았어. 괜히 돈 생각한다고 작은 곳을 들어갔다가 머리 모양이 마음에 들지 않으면 어쩔 뻔 했을까' 하고 히죽이게 될 것이다.

또 친구와 지인들과 술 한 잔 하고서 기분 좋게 노래방을 찾고 있다. 한 곳은 룸이 5개고, 한 곳은 룸이 15개다. 두 곳 모두 경험해 보아서 알고 있다. 어디를 갈 것인가?

룸이 적은 노래방은 이미 손님들로 가득할 수 있다. 그런 상황이라면 내 카드는 두 가지다. 기다리는 카드와 다른 곳으로 이동해야 하는 카드 두 가지다. 문제는 술로 인한 취기와 용기가 기다리거나 찬 바람을 맞으면서 이동할 때 사라진다는 점이다. 혹시 모를 그런 상황을 예방하자면 룸이 많은 노래방을 선택해야 한다. 그래야 지금의 기분을 배가시킬 수 있을 것이다. 이런 경험들, 누구나 가지고 있을 것이다.

학교가 파하기를 기다리는 학생들이다. 하교가 무섭게 PC방으로 달려간다. 간발의 차이로 빈 자리에 앉을 수 있다. 어느날은, 누군가는 간발의 차이로 기다려야 한다. 이런 피말리는 상황을 즐길 학생들이 많을까? 아니면 자리가 많은 PC방을 알아두고서 느긋하게 가서 원하는 게임을, 교실에서 상상만 하던 게임을 하는 편이 좋을까?

당연히 후자다. 학생들의 PC방 선택의 기준에서 가장 1순위는 얼마나 규모가 큰가이다. 분위기가 좋고, 사양이 빠른 것은 아무래도 후순위로 밀린다. 게임을 하다보면 가게 분위기야 눈에도 들어오지 않을 것이고, PC방을 하면서 끈기와 인내가 필요할 정도로 느린 사양으로 가게를 운영하는 곳이 있을 리 만무하기 때문이다.

이처럼 서비스업을 하면서 작게 한다는 것은 어불성설이다. 물론 태생적으로 작아도 좋은 공간이 있다. 네일아트숍 같은 곳은 클 이유가 없다. 자투리에서 할만한 서비스업 아이템이다. 과거 비디오·책 대여점 같은 서비스업도 물론 공간이 클 이유는 없다.

의자가 3개인 미용실에서 머리를 할 것인가, 당구대가 5개인 곳에서 당구를 칠 것인가, PC가 30대인 곳에서 게임을 할 것인가, 룸이 달랑 3개뿐인 노래방을 이용할 것인가. 필자는 이런 이야기를 하고 싶은 것이다. 작은 곳에서도 너끈히 해내는 서비스업을 찾아주기를 원하는 것이 아니다. 그러니 반론하기 위해 애쓰지 말자.

03

서비스업은 시설이
좋을수록 이긴다!

노래방 시설이 좋은 곳과 오래된 곳에서 어디를 갈까?

PC방의 컴퓨터 사양은 어디가 좋을까?

새로 오픈했다고 가격이 더 비싼 것도 아닌데, 굳이 단골을 자처해서 새로운 시

설을 마다할 까닭이 없다. 식당은 새집의 맛이 두렵지만, 노래방과 PC방 같은

서비스업은 새집이 더 즐겁다. 바로 업종이 가진 관여도 탓이다.

　당연한 이야기다. 미용실이 크기만 하고, 분위기가 촌스럽거나 투

자를 하다 만 공간처럼 보인다면 '머리를 잘할 것 같은' 기대감은 사

라질 것이다. 마찬가지로 PC방의 컴퓨터 속도가 지나치게 느리거나

모니터의 크기가 작다면 점점 손님의 발걸음은 멀어지게 될 것이다.

노래방도 룸만 많을 뿐 새로운 영상이나 신곡의 채움이 없고, 지나치

게 방을 늘리기 위해 협소하게 개별 방을 꾸민다거나 편안치 못한 쇼파를 구비한다면 손님은 단 한 팀도 없을지 모른다. 따라서 서비스업은 반드시 규모와 시설이 정비례해야 한다.

그래서 서비스업은 오픈 초기에도 투자비가 높고, 일정 시간이 흐른 후에도 상당한 투자를 반복해야 함을 풍문으로 들어서 알고 있다. PC방의 경우 발 빠른 곳은 1년 단위로 업그레이드(컴퓨터 사양과 인테리어 분위기)를 하지만 대개는 2~3년에 한 번씩 목돈 투자를 하곤 한다. 그런데 이 리뉴얼 투자가 왠만한 신규 창업과 맞먹을 정도여서 그 액수는 여러분이 생각하는 수준을 뛰어 넘는다.

노래방도 리뉴얼을 해주어야 한다. 더 이상 노래방이 노래만 부르는 곳으로 전락해서는 안 된다. 그런 노래방은 유흥업소 짝퉁의 성격을 가질 때나 그나마 버텨낼 수 있을 뿐이다. 한동안 유행하던 秀노래방 등은 차별화된 인테리어 분위기로 승승장구했었다.

서비스업은 결국 시설 공유에 대한 지불이다. 시간을 이용한다는 개념도 있지만, 그 시간을 어느 수준의 공간에서 직접 이용하는가에 따라 가격의 차이가 구분된다고 손님도 알고 있기 때문이다. 그래서 미용실도 더 이상 스텝의 커트 기술 하나만으로는 높은 값을 받을 수 없다는 판단을 하게 되고, 그래서 휴게공간을 더욱 더 늘리게 되는 것이다. 족욕을 할 수 있도록 하고 개인 PC를 쓰게 하는가 하면 무료로 손발톱을 손질해 준다. 물론 그 모든 가격은 머리 손질비용에 포함시켜 놓았지만, 개별 가격을 요구하지 않고 손님의 복지와 쾌적한 휴식을 위한 서비스 품목으로 접근하기 때문에 미용비용을 높게 받아낼 수 있게 된다.

조삼모사 같지만 아니다. 서비스업이기 때문에 이것이 가능한 것이다. 서비스에 대한 기대감이 높은 소비자의 심정을 잘 파악할수록 부가가치를 높일 수 있다는 강점으로 이해해야 한다. 김밥집에서 질 좋은 서비스를 한다고 김밥을 더 먹거나, 다른 메뉴를 더 추가해서 먹었던 기억이 있는가?

서비스업은 서비스가 충만해야 한다. 그 서비스는 직접적인 질적 서비스일 수도 있지만, 일단 우선시되어야 하는 것이 규모와 시설에 대한 간접적·양적 서비스라는 점도 잊어서는 안 된다.

04
판매업은 자리가 좋아야 이긴다!

다른 것은 버려두고 자리가 좋을수록 이기는 업종을 선택해야 한다면 단연코 판매업이다. 편의점, 휴대폰 대리점, 옷 가게, 액세서리 · 화장품 가게라고 보면 된다. 이런 업종들은 왜 다른 업종보다 자리가 차지하는 비중이 성패에서 중요한 것일까?

　GS25와 CU 그리고 세븐일레븐에서 파는 제품이 서로 다른가? 각각의 편의점 본사에서 정해준 담배와 컵라면, 캔맥주가 다른 걸까? 목포의 편의점과 강릉의 편의점은 서로 다른 제품, 서로 큰 격차의 가격으로 물건을 팔까? 아시겠지만 그럴 리 없다. 모두가 같은 제품, 같은 가격으로 판다. 경우에 따라 50원, 100원의 차이가 있을 수 있겠지만 말이다.

갑자기 컵라면이 먹고 싶어진다. 어디가서 사면 될까? 나는 LG 팬이니까 GS25를 가서 산다? 롯데가 좋으니까 세븐일레븐에서 구매를 한다?

정답은 가까운 편의점이다. 그 편의점이 설혹 브랜드 편의점이 아닌, 개인 슈퍼일지라도 관계없다. 즉석에서 물을 받아 데워 먹을 수 있는 공간이 눈에 보인다면 충분하다. 내가 즐겨가는 편의점에서 원하는 제품을 산다고 더 맛있거나 더 요긴하게 사용되는 일은 없기 때문이다.

판매업은 제품보다 자리가 우선이다

식당의 형광등을 사야 한다면 어디로 갈까? 전파상, 동네 마트, 대형 마트… 모두 맞다. 아무 곳이나 가도 살 수 있다. 심지어 철물점에 가도 형광등을 구입할 수 있다. 그 철물점 주인이 찾는 사람이 있을 것 같아 구비해 두었다면 말이다.

여러분이 지금 판매 아이템을 가지고 장사를 하고 싶다면 어떤 물건을 골라서 팔까를 궁리하는 것보다 더 중요한 것이 '자리'다. 뭘 팔든 사가는 사람이 많을 자리를 찾아내는 것이 훨씬 더 중요하고 가치 있는 일이다.

비싼 명품 청바지를 사려면 원하는 브랜드여야 한다. 그러나 2~3만원짜리 편안한 청바지를 사는 데에는 브랜드를 따지지 않는다. 그리고 언제까지 사야할 것이라고 달력에 기입하지도 않는다. 그냥 자신이 늘 다니는 길목에 청바지 가게가 있으면 눈길을 주게 되고, 나에게 어울릴 것 같은 디자인이 있다면 입어볼 욕구를 가질 것이고, 가격마저 기대를 뛰어넘는 수준이 아니라면 구매를 결정할 것이다.

이 말은 일부러, 작정하고, 계획적으로 하는 구매가 아니라는 뜻이다. 그래서 노출이 잘될수록 가게 문을 열고 들어오는 손님이 많게 된다. 들어오는 손님이 많아야 그 중에서 사가는 확률도 높아지는 것 아니던가? 그래서 판매업은 자리가 좋아야 한다. 이것이 관건이다.

특히 판매업에서 파는 제품은 제조업자가 있다. 공산품이라고 볼 수 있다. 따라서 누구나 원하면 취급이 가능하고 판매도 가능하다. 나만 파는 제품이어야 하는데, 남도 팔기 때문에 상품에 대한 차별성·변별력이 없다. 있다면 한 가지다. 보다 많은 사람이 왕래하는 곳에서 팔아야 한다는 명제다.

그래서 유동량이 많고 분주한 곳에는 휴대폰 대리점이 진을 치고 있고, 화장품 가게와 옷 가게가 많은 것이다. 비싼 권리금과 비싼 월세를 주어도 구매의 결정시간과 파는 시간이 짧은(외식업은 만드는 시간, 먹는 시간이 필요하다. 서비스업은 서비스를 받는 시간, 제공하는 시간이 필요하다) 판매업만이 버텨낼 수 있기 때문이다. 이제 이해가 되는가?

05
판매업은 상품 구성이 다양해야 이긴다!

이쯤에서 "다양한 상품 구성이 필요한 업종이 뭐냐"고 물으면 본능적으로 "외식업"이라는 소리가 터져 나온다. 지금까지 앞에서 한 번도 외식업이 나오지 않았기 때문에 내용을 조금 등한시 듣고 칠판만 본 수강생들은 "외식업"이라고 답한다. 그리고 폭소가 터진다. 아무래도 아닌 것 같기 때문이다.

상품이 다양할수록 손님이 많다. 특이한 것을 보유할수록 손님이 늘어난다. 쉽게 생각해 보자. 메뉴판에 메뉴가 많을수록 손님이 좋아할까? 노래방, PC방 이용료가 각각의 상품 구성으로 인해 제각각이라면 복잡하지 않을까? 노래방에선 노래를 흥겹게 부르면 그만일텐데 말이다. 그 흥겨움에 서비스 시간을 많이 주면 그것으로 충분할텐데 말이다.

대부분의 동네에는 최소 100~200평 정도 되는 대형 슈퍼가 있을 것이다. 그런 대형 슈퍼가 두세 개나 있는데도 주말에는 차를 몰고 대형 마트를 찾는다. 필자 역시 마찬가지다. 그럼, 여기서 질문을 해 보자.

질문 1) 동네 대형 슈퍼에서는 평균적으로 얼마를 소비하는가?

질문 2) 만족도가 좋은 곳은 동네 대형 슈퍼인가, 대형 마트인가?

동네 슈퍼와 대형 마트의 구매심리

동네 슈퍼에서의 소비는 필요한 것만의 구매다. 잘해야 2~3만원 내외다. 필요한 것만 구매하기 때문에 10만원을 넘지 않는다. 반면에 분명히 대형 마트가 개별적 단품 가격이 싸다고 해서 찾았는데, 계산을 마치고 나면 10만원을 다반사로 넘긴다. 어째서 이런 일이 생기는 것일까? 그리고 그럼에도 불구하고 소비자들이 계속 대형 마트를 찾는 이유는 무엇일까?

동네 마트에서는 사려고 계획한 것만 산다. 다른 것에는 크게 눈을 돌리지 않는다. 그러나 대형 마트에서는 일단 카트부터 꺼내고 본다. 뭘 살지는 모르지만, 필요한 게 아무래도 많을 것 같은 기분이 든다. 수천 평에 달하는 매장을 쇼핑하면서 달랑 바구니 하나로는 버거울지 모른다는 기분 때문이다. 이것이 바로 규모가 주는 기대감이다. 거기엔 뭘 구입을 하던, 다른 곳에서 구매하는 개별 가격보다는 분명히 싸다는 믿음도 심어져 있다. 따라서 자신만 결정을 잘하면 과소비를 하지 않을 거라는 타협도 하게 된다. 그렇게 쇼핑을 한다. 구매를 위한 쇼핑이 시작되는 것이다. 자신이 필요한 물건을 사기 때문에 싼 곳에서, 다량의 비교품을 보고 우연히 얻어진 1+1 같은 특별한 혜택이 있다면 일단 구매하고 보는 것이고, 그것이 많을수록 훨씬 저렴한 소비를 했다고 믿게 되는 것이다. 그래서 계산대에서 10만원 이상이 나와도 머릿속에서는 '그만큼 싸게, 공짜로 생긴 것도 많기 때문에 이익된 소비'라고 흡족해 하는 것이다.

동네 슈퍼와 대형 마트의 소비만족도

이제 보다 노골적으로 이해해 보자. 동네 슈퍼가 아무리 크다고 해도 라면 진열대, 아이스크림 냉동고는 제한적이다. 그 공간에 있는 상품을 봐도 늘 보아왔던 라면들 위주로 진열되어 있다. 때로는 단 한 번도 사먹지 않았던 ○○제품이 주를 이루어 깔려 있다. 아마도 덤핑으로 동네 슈퍼에 많은 이익이 남기 때문에 진열한 것이 분명하다. 그렇지 않으면 가장 흔하게 찾는 신라면을 빼지 않았을 테니 말이다. 아이스크림도 비슷하다. 롯데는 있는데 롯데삼강 제품이 없기도 하고, 빙그레는 있는데 해태 것은 없기도 하다. 이것은 진열의 한계, 덤핑의 유무 탓이다. 그래서 선택을 하기는 하지만 소비의 만족도는 썩 세련되지 않다.

반면 대형 마트의 라면 코너는 어떤가? 엄두가 나지 않을 만큼 길다. 그리고 방송 광고에서는 한 번도 보지 못했던 브랜드의 라면까지, 국내 라면 제조사의 모든 제품이 진열되어 있다. 그 무수한 제품 속에서 신라면이든, 진라면이든 선택했다면 최상의 선택을 한 것이다. 비교 대상이 많은 것 중에서 고른 딱 하나의 그것이니까 얼마나 꼼꼼하게 얻어진 결과란 것은 경험적으로 이해될 것이다.

어떤 소비를 할 것인가를 여기서 묻는 것이 얼마나 어리석은 일인지는 독자 역시도 잘 알 것이다. 필자 역시도 묻지 않겠다.

만일 여러분이 보세 옷가게를 한다면 동대문에서 베스트로 판매되는 제품 위주로 집중해서 구매하는 것이 아니라, 사람의 취향이 얼마나 제각각이라는 사실을 의심하지 말고 눈으로 다양하게 입어볼 수 있는 다양성에 초점을 맞추는 것이 좋다. 베스트 10 제품에서 고르는 것은 힘들다. 그러나 말도 안 되는 다양한 디자인의 옷 중에서 나에게 어울릴 베스트 디자인을 선택하는 것은 쉽기도 쉬울 뿐더러 잘 고른 선택이라는 확신까지 주게 된다. 따라서 잘난 제품과 못난 제품을 섞어 진열할수록 보세 옷가게는 손님의 관심을 유도해낼 것이다. 선택은 잘난 두세 가지에서 고르는 것보다 못난 것과 섞인 수십 가지에서 고르는 것이 더 쉽다.

편의점에서 점점 다양한 상품을 취급하는 것도 이런 측면이다. 택배를 서비스하고, 공과금을 수납하고, 복사나 팩스 서비스까지 하는 것은 편의점이 파는 기본적 공산품만으로는 차별화가 되지 않기 때문에 상품의 다양성, 서비스의 다양성을 강조하기 위함이라는 것을 알아야 한다.

06

외식업은 결국 돈 없는 사람들의 몫이다!

결국 외식업의 선택은 좋은 입지를 구하지 못해서였다. 유동량이 많고 접근성이 좋은 곳은 권리금이 비싸고 월세가 비싸다. 남보다 큰 가게를 얻기도 힘들고, 거기에 보란 듯 시설도 해낼 자신이 없다는 것은 결국 돈이 많지 않다는 뜻이다. 자본이 적다는 뜻이다. 그렇게 외식업은 판매업에 밀리고, 서비스업에 치인 결과 선택을 하게 되는 궁여지책이 된 것이다.

물론 외식업이 가진 강점과 성장동력을 보고 수백 평의 건물에 수십억원을 투자하는 창업자도 많지만, 그것은 드라마나 영화에서 보는 기회보다 덜하다. 그런 기회가 훗날 나에게 올 것이라는 생각도 들지 않는다. 막말로 '그 정도 돈이 있는데, 그 돈으로 식당이 웬 말'이라고 생각하기 때문이다. 필자도 비슷하다. 수십억이 있다면 식당

말고 더 편하고, 더 모양새 좋고, 더 수익성이 좋은 것 혹은 모자라더라도 안전한 것을 선택할 것이 분명하다.

다른 업종을 하기에 부족하기 때문에 많은 사람들이 외식업을 선택한다. 아닌 것 같지만 틀린 말은 분명 아니다. 아니라고 항변하고 싶지만 대한민국 서울에서 1억원으로 시작할 수 있는 것은 그래도 외식업밖에 없다. 30평 PC방을 차려본들 성공은 힘들 것이고, 룸 7~8개 노래방 정도는 어떡하든 차리겠지만 분명히 시설 싸움에서 밀릴 것이 뻔하다. 권리금에도 못미치는 돈이라는 것은 핸드폰 액세서리 가게를 창업할 10평짜리 가게를 알아봐도 대번 피부로 와닿는다. 2~3천원 핸드폰 액세서리를 팔 가게의 권리금이 '1억원'이 넘는 것이다.

적은 돈으로의 시작은 그나마 외식업이다

외식업은 빈자가 하기에 적당하다. 타겟을 누구로 할 것인가에 따라 얼마든지 소자본으로도 할 수 있는 것이 바로 외식업이다. 공장 근로자를 대상으로 식당을 한다고 예를 들어보자.

- 가게는 공장 근처면 된다. 공장이 모여 있는 곳이라 조금 외져 있고, 조금 지저분하고 많이 허름하다. 그렇기에 가게 권리금도 없고, 보증금도 수백만원이면 될 것이다.
- 공장 근로자를 대상으로 규모를 크게 해야 할까? 그럴 필요가,

이유가, 까닭이 있을까? 가게는 10평, 15평 남짓해도 그만이다. 테이블 여남은 개 넣을 공간이면 그럭저럭 유지될 수 있다. 규모에 많이 투자를 해도 보증금 1천만원에 월 50~60만원일 것이다.

- 공장 상대의 식당이 인테리어를 잘해야 할까? 인테리어가 멋지면 공장 근로자들이 하루에 5끼를 먹을까? 어차피 하루 3끼니다. 인테리어를 잘할 이유가 없다. 그냥 주방과 홀이 구분되어 있으면 충분하다. 중고로 세팅을 하건, 신품으로 하건 특별히 투자할 것이 없으니까 시설 투자에는 1천만원(간판 포함)이면 충분할 것이다.
- 공장 상대의 식당이 전문 음식으로 승부를 하는 것이 좋을까? 냉면 하나를 잘하는 집, 돈가스 하나를 잘하는 집, 육개장 하나를 잘하는 집으로 승부하는 것이 좋을까?

공장 근로자에게 아침을 판다면 메뉴는? 당연히 해장국이다. 전날 분명히 힘든 일의 피로를 소주 한 잔으로 풀었을 것이 뻔하기 때문이다.

공장 근로자에게 점심을 판다면 메뉴는? 고민도 없이 백반이다. 정해진 점심값에서 뭘 먹을까 고민하지 않아도 좋은 백반. 양 위주로 많이 먹을 수 있는 백반이면 족하다. 백반의 특징이 바로 그것 아니던가. 그날 시장에서 가장 값싼 재료만을 모아서 푸짐하게 차려주면 찬이 같지 않아서 좋고, 양은 많아서 좋은, 그 음식이 바로 백반이다.

공장 근로자에게 저녁을 판다면 메뉴는? 그날 힘든 피로를 풀기 위해, 먼지를 씻어내기 위해 삼겹살만한 것이 있을까? 소주 한 잔과 고기 한 점으로 하루를 마감하는 공장 근로자를 떠올려 본다면 삼겹살만한 대체 메뉴가 없다는 것을 알 것이다.

이처럼 공장 근로자를 대상으로 식당을 차린다면 서울에서도 2천만 원이면 가능한 것이 외식업이다. 그래서 이처럼 타겟이 누구냐에 따라서, 영업 형태에 따라서(배달 전문이라면 마찬가지로 몇 천만원도 필요 없이 창업할 수 있다) 소자본으로 완성할 수 있다.

차리는 것보다 유지가 어려운 것이 외식업이다

소자본으로 창업이 완성되는 것이라면 다행이다. 하지만 차리는 것보다 유지하는 것이 더 어려운 것이 창업의 현실이다. 필자 역시 유지의 어려움을 폭폭하게 느껴본 소자본 창업자의 한 사람이었다.

빈자가 차리는 외식업은 운전자금이 항상 부족하기 마련이다. 거짓말 조금 보태어 오픈하는 날 통장을 찍으면 잔고는 제로이기 십상이다. 사정이 이렇다보니 벌어서 내일 시장을 봐야 할 정도이다. 월세 후불은 어떻게든 오늘 벌어서 내야 하고, 종업원 인건비도 벌어서 낼 작정으로 뽑았기 때문에 오픈 매출이 저조하면 '어떻게든 내보내야 하는데'를 고민하게 된다. 이건 마치 오픈과 동시에 원금 회수에 작정하고 달려드는 노름을 보는 듯 싶다.

그럼, 독자 여러분의 입장에서 생각해 보자. 하나의 식당을 단골로 삼을 때 걸리는 기간이 있을 것이다. 처음 간 식당이 완벽하지는 않지만 정성이 엿보인다. 다음엔 어떨까 하는 마음으로 가보면 아직도 부족한 것이 눈에 보이지만, 초심은 유지하고 있어 보인다. 이렇게 두세 번의 방문을 통해 호감을 가지면 주인과 면을 트기 위한 작업(?)에 나서게 된다. 앞으로 내가 단골을 할테니까 서로 잘해보자는 뜻이다. 이 과정은 적어도 두세 달 정도의 시간이 필요하다. 식당 주인의 입장에서는 이렇게 모이는 여럿의 단골을 키워내려면 최소 서너 달은 필요하다. 그런데 문제는 그 서너 달을 견뎌낼 힘이 없다는 것이 빈자의 반증이다. 탈탈 털어 창업했으니까 이제는 벌어서 매우고 채워야 한다. 하루가 피가 마르고, 이틀이 조바심의 연속이다. 그러니까 단골이 되어 보임직한 동네의 유지 정도로 보이는 손님들의 말 한마디를 허투루 들을 수가 없다. 그렇게 이말 저말 따라가다 보니까 뭘 제대로 하는 집인지, 어떤 맛을 보여주려고 만든 집인지 이젠 엉망이 되어 버린다.

이것이 빈자의 현실이다. 그래서 대한민국의 창업 실패율은 외식업 빈자들이 거의 다 공을 세우고 있다고 봐도 무방할 정도다. 따라서 공부만 할 것이 아니라 자금도 준비해야 한다. 적어도 서너 달은 남의 유혹과 훈수에 휘둘리지 않고 자신의 중심을 유지할 운전자금이 필요하다.

시작부터 잘되도록 공부하는 것이 확실한 방법이라고 할 수 있다. 맞는 말이다. 그러나 당신이 그 주인공이 될 수 있다는 환상은 버리자. 차라리 로또를 사라. 그게 빠를 것이다. 좋은 프랜차이즈를 만나면 성공하고, 훌륭한 컨설턴트를 만나면 성공하지 않느냐고? 그것도 맞다. 하지만 미안하다. 그런 과정을 겪어도 성공하는 사람과 면피를

겨우 하는 사람과 그래도 망하는 사람은 반드시 나온다.

스스로 발품을 팔아라. 자꾸 돌아다니다보면 자신만이 느끼는 직관이 생긴다. 뭔지 모르지만, 자신과 잘 어울리는 자리인지의 느낌이 강하고 약하고가 정리된다. 빈자는 몸이라도 튼튼해야 한다. 그래서 심약한 부자가 가지지 못하는 열정을 채워 넣어야 한다.

07

외식업 빈자에게도
희망은 있다!

자리가 좋고 상품이 다양할수록 이기는 판매업은 경쟁자가 내것보다 나은 조건을 갖는 순간 내 가게에 어둠이 드리운다. 아무리 노력해도, 아무리 손님을 관리해도 그 위기는 도대체 벗어날 기미가 보이지 않는다.

현재의 내 자리보다 좋은 곳에 편의점이 생겼다. 나 역시도 진작부터 탐을 냈던 자리지만, 워낙 높은 권리금과 월세로 인해 계약하지 못했다. 그런데 내 편의점이 잘되는 것을 지켜본 누군가가 드디어 경쟁자로 나선 모양이다. 그 순간 많은 손님들이 그곳으로 옮긴다. 내 가게보다 접근성이 좋고, 상시 유동량이 많은 자리인 탓에 몇 걸음 더 움직여야 하는 내 가게는 찬밥 신세가 되었다.

지나는 손님에게 "손님. 그래도 우리 가게를 이용한 지가 수년째

인데 좀 너무하시네요" 한마디 하자 "사장님 가게에만 있는 물건이 있나요? 사장님 가게가 싼가요? 사장님도 예전까지 자리가 좋아 사람들이 많이 오니까 불친절하게 장사한 것은 잊으셨나요? 막말로 사장님 가게에서 담배를 사면 더 싼가요? 거기서 컵라면을 사면 훨씬 맛있나요? 이거 왜이러세요. 아마추어 같이…" 냉랭한, 차가운 반응이 돌아온다.

맞는 말이다. 지금까지 내 가게가 자리의 힘으로 유지되었던 것은 사실이었고, 내가 취급하는 상품의 차별성이 없다보니 가는 손님을 막을 근거는 역시 없다.

실제로 있었던 또 하나의 사례를 보자. 동네에 꽤 비싼 제과점이 하나 생겼다. 대중적으로 유명한 브랜드는 아니지만, 유기농 제품을 팔기에 값으로는 유명 제과점을 넘어서는 제과점이었다. 아파트 입구에 가게를 선점한 탓에 장사는 날로 호황이었다. 아파트 후문에도 유명 브랜드 제과점이 있기는 했지만, 빵 하나를 사러 일부러 익숙한 보행 습관을 바꾸지는 않았고 그 덕분에 유기농 제과점은 여봐란 듯이 장사를 했다. 독점적 장사와 나날이 오르는 매출에 가게는 버릇이 없어졌다. 그 흔한 적립쿠폰도 하지 않았고, 단팥빵 하나의 서비스도 없었다. 심지어 빵의 종류도 줄이기 시작했다. 보다 편한 장사를 한 것이다. 잘 팔리는 빵 위주로만 잔뜩 구워내니까 선택의 폭은 점점 좁아졌다.

어느날 유명 제과 브랜드가 바로 옆에 가게를 오픈했다. 접근성은 거의 비슷했다. 출퇴근 방향에 따라서 좋고 나쁜 정도였을 뿐이다. 거기에 가게 규모는 조금 더 커서 보다 다양한 상품을 볼 수 있었다.

그리고 친절했다. 후발 주자로서의 모자람을 극복하기 위한 전술이었는지, 점주가 지닌 태생적인 전략이었는지는 모르겠지만 무척 친절했다. 전국 가맹점에서 사용 가능한 포인트 적립은 물론 동네 주민끼리라고 빵 하나 슬쩍 얹어주는 일도 새삼스럽지 않았다.

결론부터 말하자면 그 유명 브랜드 제과점이 오픈한 지 3개월도 못되어 고가의 유기농 제과점은 문을 닫아야 했다. 뒤늦게 적립을 하고, 서비스를 주고, 다양한 빵을 구워냈지만 이미 돌아선 주민들의 마음을 바꿀 수는 없었다. 그렇게 가게는 빈 몸으로 빠져나가야 했다. 시설 권리금은 언감생심, 가게를 원래 상태대로 돈을 들여서 원상복구까지 하고 나가야 했다.

판매업과 서비스업의 위기는 경쟁자의 등장이다

이 두 가지 사례를 통해 입지가 좋아야 하는 판매업이, 규모와 시설이 좋아야 하는 서비스업이 경쟁자의 등장으로 허무하게 맥없이 주저앉는 상황을 엿볼 수 있다. 물론 이것은 과장된 이야기일 수 있다. 그래도 사람간의 정, 단골이라는 인정이 있는 법이기에 이 정도로 처참하게 쓰러지진 않을 것이다. 그러나 분명히 방파제의 균열은 커지고 있다. 처음은 아주 미세하지만 그 작은 구멍이 점점 커져서 결국엔 방파제를 파괴할 것이다.

외식업은 가치로 승부한다

반면에 판매업·서비스업과 달리 빈자들이 선택하는 외식업을 보자. 이러한 외식업에는 외식업만의 강점이 있다. 다음 두 가지 사례를 보자.

냉면집이 3년을 버티더니 이제 자리를 잡았는가 보다. 작은 가게여서 그런지 몰라도 늘 줄이 서있다. 줄 서는 것이 귀찮고 번거롭지만 그런 탓인지 맛은 기대 이상이다. 어느날 바로 옆에 규모가 세 배인 냉면집이 생겼다. 반듯하게 시설을 참 잘했다. 거기에 3년 터줏대감의 주방장을 어떤 재주로 스카웃했는지는 모르지만 핵심 인력이 같았다. 그래서겠지만 역시 맛은 그대로인 것 같다. 그런데 3년을 버텨낸 옆 작은 가게의 맛보다는 분명히 어딘가 부족한 것 같다. 남들은 잘 모르겠다면서 앞으로 단골을 바꾸겠다고 하는데 아무래도 나는 이전의 작은 냉면집을 가야 할 것 같다.

또 대학 다닐 때부터, 그리고 연애를 하던 그 시절에도 늘 가던 칼국수집이 있었다. 당시에도 늘 문전성시를 이루었던 곳이라 장사와 무관한 나 역시도 돈벌이의 부러움을 갖곤 했었다. 그리고 이제 고등학생이 된 아들과 함께 우연히 지나게 된 그때 그집. 반가움에 자세히 살펴보니 그때의 문전성시 때문인지 가게는 허름하지 않고 신축해서 꽤 멋있게 변신해 있었다. 가게 상호도 그대로였는데 디자인을 현대식으로 바꿔 멋스러움이 넘쳤다. 가게 안을 보니까 당시 환갑을 가까이 하던 아주머니는 이제 칠순이 지난 할머니가 되셨지만 여전히 가게를 지키고 계셨다. 반가웠다. 그래서 한걸음에 들어가 그때

의 칼국수를 시켰다. 예전처럼 친절한 웃음으로 가져온 칼국수는 그
릇도 오래 전 그것이었지만 왠지 그때만큼의 맛은 없게 여겨진다. 이
상하다. 나만 그런가 했더니 아내 눈치도 나와 비슷한 것 같다. 아마
그때의 허름한 분위기가 사라진 탓인 듯 싶다. 그것을 제외하고 모든
게 같은 데 맛이 다르다면 말이다. 아니, 맛이 다른 것이 아니라 내
입맛, 내 추억이 다른 것이 정답이겠지만 말이다.

이런 예에서 보듯이 빈자의 외식업은 분위기와 그 집만의 특별한
맛으로 정확히 세팅되어 있다면 유력한 경쟁자의 등장에 쉽게 무너
지지 않는다. 오히려 몰랐던 장점, 몰랐던 가치까지 경쟁자의 등장으
로 부각되는 일도 비일비재하다.

실제로 필자는 지난 봄 문배동 허름한 식당에서 먹은 육개장칼국수가 현대식 인테리어로 고급스럽게 치장된 ○○냉면에서 먹은 그 육개장칼국수(당시의 신메뉴)보다 여전히 훨씬, 비교도 할 수 없을 정도로 맛있다고 의심치 않는다.

컨설팅 보고서 ❶

어떻게 팔아야 식당이 근사하게 이길까?

테이블 1개(4인용)
그리고 다찌에 의자 6개가 전부인 5평 참치집입니다.
개인적으로 참치를 좋아하지 않아 1년에 한두 번 정도 가는 집입니다.
이 집을 빗대어 어떻게 팔아야 식당이 이기는지를
소상히 이해하기 쉽게 설명해 볼까 합니다.

이 집을 보면 역시 식당이 노후 대비에는 '아주 그만'인 직업이라고도
생각합니다. 이 식당을 보면 손님에게 날리는 멘트 하나가 얼마나 좋은
매출로 돌아오는지를 확인할 수 있게 해줍니다.

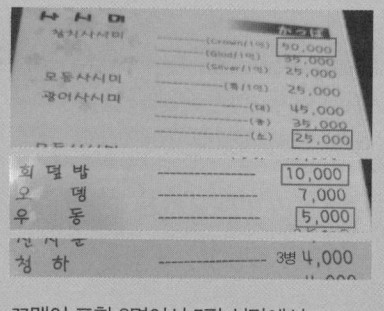

참치사시미		か‥빠
	(Crown/1마)	50,000
	(Gold/1마)	35,000
	(Silver/1마)	25,000
모듬사시미	(특/1마)	25,000
광어사시미	(대)	45,000
	(중)	35,000
	(소)	25,000
회 덮 밥		10,000
오 뎅		7,000
우 동		5,000
청 하	3병	4,000

꼬맹이 포함 3명이서 5평 식당에서
10만원을 썼다는 것은
그만큼 쓰게 만들었기 때문입니다.
식당이.
만일 그렇지 않았다면…
어땠을까요?

 식당에 들어서자 이미 1개뿐인 테이블엔 손님이 있고
다찌에도 세 분의 단골이 식사를 하고 있었습니다.
세 명이라고 하자, 단골 세 분이 스스럼없이 한쪽으로 옮겨줍니다.
→ 그래서 단골이 좋은 겁니다.
→ 단골은 팔아도 주지만, 접객도 도와줍니다.

"사장님 어떻게 시키면 좋을까요? 아내가 참치가 먹고 싶어 왔는데요?"

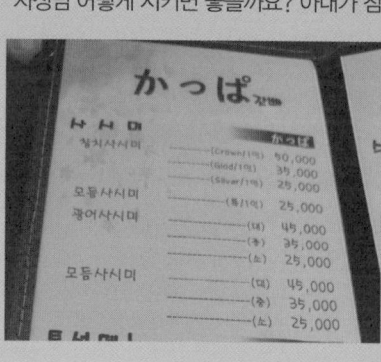

이 집은 독특한 게
1인분 표시를 해두고
그걸 그냥 한 테이블
한 접시로 생각하고 팝니다.
"35,000원짜리로 드세요.
둘이서 드시게
좀 더 드릴게요.
1인분이면 되요.
다른 곳에선 5만원은
주셔야 할 겁니다"

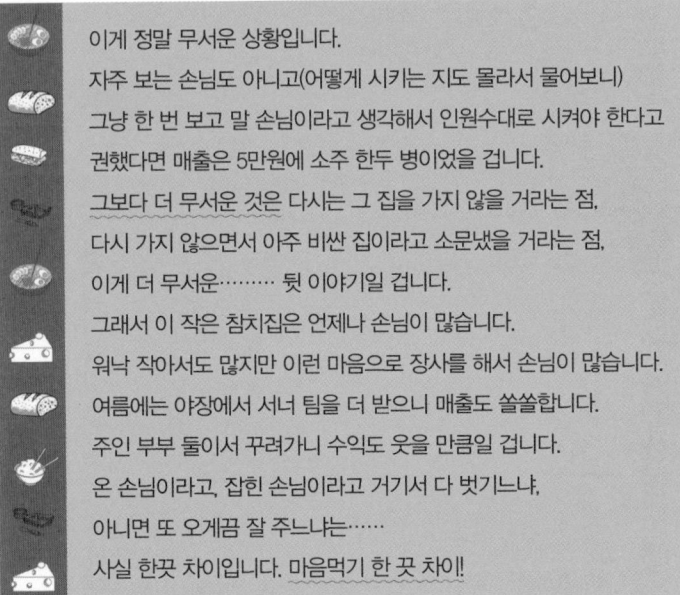

"35,000원짜리로 드세요. 둘이서 드시게 좀 더 드릴게요.
1인분이면 되요.
다른 곳에선 5만원은 주셔야 할 겁니다"

1인이라고 적어두고
둘도 먹게끔 해준다는 건
제가 맛창에서
"4인분은 팔지 않아요"와
같습니다.

-(Crown/1인)	50,000
-(Glod/1인)	35,000
-(Silver/1인)	25,000
----(특/1인)	25,000

만일 여기서 "참치는 인원수대로 주문하셔야 합니다"라고 했다면
실버 2인분을 시켰을 겁니다.
1) 그럼 5만원이나 내면서
2) 제일 싸구려를 시킨 탓에 저는 뻘쭘할테고
3) 아내는 아내대로 싸구려 참치에 기분이 상할 겁니다.

그런데!! 1인분만 시켜도 둘이 먹게끔 양을 더 드린다고 선방을 날리니까
"사장님 그럼 5만원짜리로 주세요"
(제일 비싼 거 시키니 주문하는 사람은 얼마나 기분이 좋을까요^^)

이게 정말 무서운 상황입니다.
자주 보는 손님도 아니고(어떻게 시키는 지도 몰라서 물어보니)
그냥 한 번 보고 말 손님이라고 생각해서 인원수대로 시켜야 한다고
권했다면 매출은 5만원에 소주 한두 병이었을 겁니다.
그보다 더 무서운 것은 다시는 그 집을 가지 않을 거라는 점.
다시 가지 않으면서 아주 비싼 집이라고 소문냈을 거라는 점.
이게 더 무서운…… 뒷 이야기일 겁니다.
그래서 이 작은 참치집은 언제나 손님이 많습니다.
워낙 작아서도 많지만 이런 마음으로 장사를 해서 손님이 많습니다.
여름에는 야장에서 서너 팀을 더 받으니 매출도 쏠쏠합니다.
주인 부부 둘이서 꾸려가니 수익도 웃을 만큼일 겁니다.
온 손님이라고, 잡힌 손님이라고 거기서 다 벗기느냐,
아니면 또 오게끔 잘 주느냐는……
사실 한끗 차이입니다. 마음먹기 한 끗 차이!

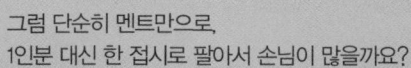

그럼 단순히 멘트만으로,
1인분 대신 한 접시로 팔아서 손님이 많을까요?

좋은 부위를 줍니다.
전문가가 아니라서 얼마나 좋은 부위인지는 모르지만,
싸구려 참치집, 무한리필 참치집의 그런 것과는 전혀 다릅니다.
광어 매니아인 꼬마가 이걸 먹더니
"아빠… 나 이젠 참치로 바꿨어…. 광어가 맛 없어"

아내가 참치가 먹고 싶다고 해서 갔습니다.
그런데 꼬맹이도 잘 먹습니다.
그래서 꼬맹이가 좋아하는 광어를 시켰습니다.
그러자 또 살가운 멘트가 나옵니다.
"어? 참치가 진해서 광어 드시면 맛 없는데요."

대부분은 달라는 대로 줍니다.
그런데 이 집은 정확히 말해줍니다.
당연히 참치 먹고 흰살 생선 먹으면 덜 맛있지요… 그건 압니다.
그쯤은 압니다. ㅎㅎ
"꼬맹이가 좋아해서요. 요 녀석은 오늘 참치가 처음이에요"
그러자 사장님이
"오늘 대광어 정말 좋은데, 우리 꼬마손님이 좋아한다니 듬뿍 드릴게요"
참 말 한마디……… 이리도 중요합니다.
정직하게 말해주니 어찌 술이 달지 않겠습니까??

25,000원짜리 광어 小자입니다.
두툼한 살을 보면 확실히 대광어를 쓴겁니다.

횟집에서(저도 횟집 망한 경험 있고, 초밥집 차려본 컨설턴트라)
저단가로 파는 광어는 400~500g짜리들입니다.
당연히 회를 떠도 살이 없습니다.
자라지 못하고 급히 팔린 녀석들이라. 살이 없습니다.
그래서 싸게 파는 겁니다. 광어 한 마리 9,900원이라고…

횟집 차렸다가 아주 크게 망한 경험 탓에
저는 회는 별로 안좋아 합니다…만, 회덮밥은 아주 좋아합니다.
이건 참치회덮밥입니다.
저는 그럽니다. '회덮밥에 회를 세어서 먹으면 맛있냐?'고 묻습니다.
참치를 아주 넉넉히 넣어줬습니다.
야채도 많지만, 참치가 밥을 다 먹는 그 순간까지 넣어줘 입이 즐거웠습니다.
7~8천원을 받고, 회덮밥에 회를 조금 넣어준다.
VS
1만원 받고 밥 다 먹을 때까지 회가 충분하게 넣어준다.
(우린 답을 압니다)

횟집은 술집입니다. 삼겹살도 술집입니다.
술하고 먹는 음식이니까 술집입니다. 저는 그렇게 정합니다.
그렇다면 술집에서 술을 많이 파는 게 좋습니다.
안주는 많이 시키기 힘들지만, 술은 많이 마시게 할 수 있습니다.
메로구이를 서비스로 줍니다. 이것 때문에
1) 술 한 병 더 마십니다.
2) 공짜 싫어하는 사람 없습니다. 속으로 웃습니다.
3) 이거 서비스로 먹었으니 우동 그까짓 거 하나 더 시키자…가 됩니다.
→ 이거 누가 이기는 게임일까요? (손님은 후회할까요? 많이 쓴 것을?)

우동 맛은 그저 그랬습니다.
그런데 사진처럼
우동의 양이 엄청납니다.

이걸 5천원에
마무리 못하면
그 손님이 아쉽지 않을까요?

우동 팔려고 장사하는 거 아닙니다. 참치 팔려고 차린 식당입니다.
참치를 맛있게 드시라고 우동을 이리 주는 겁니다.
회덮밥의 양을 그렇게 많이 주는 겁니다.(물론 1만원 받고)
이렇게 제대로 주니……
부부가 꼬맹이 데리고,
5평 작은 식당에서 10만원을 쓰는 겁니다.

이렇게 파는 게…… 진짜 식당 장사입니다.

제2장

관여도를 알면
돌파구가 보인다

외식 컨설팅 한 길로
10년을 채우던 어느날,
대박식당에는 반드시 원가에 대한
유연한 개념이 있고,
거래에는 반드시 관여도라는 단어가
존재함을 깨달았을 때
연봉 1억이 아주 가벼이 여겨졌다.

관여도에 대한 이해

고민을 많이 해서 결정한다(아무래도 비싼 소비를 할 때일 것이다)

vs 고민을 별로 하지 않고 결정한다(싼 소비를 할 때일 것이다)

뭔가를 하기 위해 정보를 많이 모은다(MTB용 자전거)

vs 정보가 별로 없어도 구매에 장애가 없다(동네 산책용 자전거)

결정에 있어 마음 속의 내가 자꾸 간섭을 한다(명품 선글래스)

vs 마음 속의 내가 그런 건 무시하라고 한다(휴게소 선글래스)

　　네가 뭔데 내 일에 '간섭하냐?' '관여하냐?' '관심을 갖냐?'라는 애기를 자주 한다. 필자는 이 말을 식당에 대입해 깨달은 바가 너무 크다. 식당이 손님들에게 간섭을 많이 하는 식당이라면 가격을 비싸게 받아도 이해될 수 있지만, 먹어도 그만 안먹어도 그만인 식당이라면 가격이 조금이라도 비싼 순간 곧바로 외면을 받는다.

이처럼 관여는 '많이 한다 vs 적게 한다' '복잡하게 한다 vs 가벼이 한다' '오래 한다 vs 쉽게 한다' 등으로 구분해 볼 수 있는데, 일상의 소비와 선택의 순간에서 빈번하게 누구나 접하게 된다. 그리고 행동 전, 구매 전, 선택을 앞두고 관여의 깊이는 매번 달라진다.

관여도를 이해하는 질문들

예를 들어 이 책을 다 읽고 나서 가볍게 라면을 먹을 생각이라고 하자. 이때 집 안에서가 아니라 집 밖에서 라면 한 그릇을 사먹을 생각을 가졌다면 당신은 어떤 가게를 찾을 것인가?

- 프랜차이즈 체인점 or 일반 분식집
- 규모가 크고 깔끔한 곳 or 작고 허름해도 무방함
- 맛집으로 소문난 라면 전문점 or 라면을 팔고 있음이 분명한 집

당신의 선택은 어느 쪽인가? 왜 그런가? 왜 일반 분식집이어도 좋고, 작고 허름해도 좋고, 라면만 팔고 있음이 확인된다면 기꺼이 들어갈 수 있다고 생각하는가? 어떤 이유 때문인가?

반대로 이 책을 읽고 나서 괜히 근사하게 한우 한 점이 생각난다면, 적어도 1인분 150g 주문에 5만원을 넘나드는 그런 특상품 한우를 먹고 싶다면 어떤 가게를 찾을 것인가? 이 경우는 라면과는 달리

당신의 머릿속에 떠오르는 온갖 방법을 나는 글로 적을 재주가 없다. 너무나 기준과 잣대가 많아서 어느 하나를 선택해 글로 옮길 표현이 부족하다. 왜 그럴까? 왜 필자는 당신의 생각을 잡아내지 못하는 것일까?

다시 질문을 해본다. 라면집을 선택하는데 가장 중요한 요소는 무엇인가? 횡단보도 두 개를 건너 길 안쪽에 숨은 ○○라면집이던가? 아니면 허름하고 작고, 개인이 솜씨 없이 차린 가게가 분명하지만 찾기 좋은 횡단보도 앞, 버스정류장 옆이기 때문이던가?

분명히 당신은 후자를 선택했을 것이다. 다른 것은 고민의 대상이 되지 않는데, 가깝다와 멀다는 중요한 요인이라고 생각했을 것이다. 심지어 가까운 곳에 라면을 팔지 않는다면 과감하게 '라면 먹을 생각을 포기'했을지도 모른다.

계속해 질문을 해본다. 당신이 결정한 라면집에서 시킨 라면이 도저히 먹을 만한 것이 아니었다. 두어 젓가락 인내하고 떠보았지만 역시나 '먹기 힘듦'이라고 결론을 지었다. 당신은 어떤 행동을 취할 것인가?

마찬가지로 여러 사람이 추천하고, 스스로도 장고 끝에 결정한 특상품 한우 전문점에서 내어준 고기가 아무리 뜯어봐도 한우 암소가 아니라면, 그래서 씹어 삼키기 곤란하다면, 그럼에도 불구하고 주인은 눈을 부릅뜨고 한우라고 박박 우기는 상황이라면 당신은 어떤 행동을 취할 것인가?

소비를 위한 선택에는 항상 관여도가 존재한다

필자의 강의 내용대로 옮긴다면 이렇다.

라면집은 자주 찾아가서 먹기도 하고, 실제로 본인도 만들어 먹을 줄 아는 음식이다. 익숙한 음식이다. 맛, 가격, 양을 다 알고 있는 음식이다. 그래서 굳이 체인점이 아니어도 괜찮고, 크기와 시설도 중요하지 않다. 그깟 3천원짜리 라면 한 그릇을 먹는데 그런 것까지 따지는 자체가 멋쩍을 것이다. 3천원짜리 음식이기 때문이다. 자주 먹는 음식이기 때문이다. 잘 알고 있는 음식이기 때문이다. 그래서 기대한 맛이 아니라면 먹기를 포기한다. 그깟 3천원이 아깝다고 억지로 먹고 싶은 생각은 없다. 3천원 때문에 주인과 맛이 있느냐 없느냐 실랑이 하고 싶지 않다. 그저 가깝다는 이유로 길 건너편의 가게를 가지 않고 선택을 한 것에 잠시 자책할 뿐이다. 돈을 던지듯 주고 나선다. 혹시나 다시 올까 싶어 가게를 재차 확인한다. 다시 오지 않을 것을 다짐한다.

상황을 바꿔 한우를 먹기 위해 식당을 찾는다고 치자. 한우가 아무 때나 먹는 한두 푼의 식사는 아니다. 그렇기 때문에 여러 가지를 미리 고민하게 된다.

1) 정말 이 시점에서 한우를 먹으러 가야 하는지?
2) 간다면 상차림이 좋은 집을 가는 게 좋은지, 한우 그 자체를 잘 먹을 수 있는 집을 가는 게 좋은지?
3) 한우라도 투뿔(++)만 파는 집이어야 할지, 원뿔(+)도 괜찮은 집을 찾는 게 좋을지?

4) 고기 외에 서비스도 제대로 갖춰진 집을 찾아가야 하는지, 아니면 서비스는 없어도 고기 자체의 질로 승부하는 집을 찾아가야 하는지?

5) 주차장까지 갖춘 곳을 가는 게 옳은지, 걸어서라도 가격 대비 만족도가 높다는 한우집을 가는 게 옳은지?

비교하지 말라고 손을 묶어도 머리는 비교할 것이다. 이유는 하나다. 비싼 음식이고, 자주 먹는 음식이 아니고, 아무하고나 먹는 음식이 아니라서다.

또 다른 예를 하나 더 살펴보자.

양복을 사러 가는 건 그다지 어렵지 않다. 양복은 브랜드가 밖으로 노출되어 있지 않기 때문이다. 내 핏에 잘 어울리면 그 양복은 구매에 큰 걸림돌이 없다. 그에 반해 운동복이나 등산복은 다르다. 브랜드명이 옷에 노출되어 있다. 비슷하지만 브랜드에 따라 가격차가 있다. A보다는 B가 5만원 더 비싸고, B보다는 C가 5만원 더 비싸다. 그렇다고 무조건 의미없이 중간 가격대를 고를 수도 없는 일이고, 처음에는 A 정도의 브랜드도 충분하다고 생각했다가 점점 조금씩 더 올려야 하는 상황에 직면하면 결국 멘붕에 빠지기도 한다. 30만원짜리 A브랜드 점퍼를 사러 갔다가 조금씩 더 주고 나은 브랜드를 생각하다가 70만원짜리 Z브랜드를 샀던 경험도 있다.

그래서 양복을 사러가는 길보다 아웃도어를 사러가는 길이 두렵다. 계획과 다른 지출을 할 수 있는 여지가 있기 때문이다. 계획보다 더 큰 지출로 본의 아니게 주머니 사정이 흔들릴 수 있다는 경험을 해봤기 때문이다.

이것이 바로 관여도다. 소비를 위한 선택에는 반드시 이 과정을 거쳐야 한다. 그것이 고관여든 저관여든 벗어날 수 없다. 피할 수 없다. 그래서 관여도는 모든 것을 해결하는 묘수를 부릴 줄 알고, 모든 원인을 명확하게 규명하는 재료가 된다.

02

가격이 관여도의 전부는 아니다

관여를 하는 중요한 기준은 역시 가격이다. 비싼 물건을 구매하거나 선택할 때에는 깊이가 깊어지고 방대해지고 체계적이고 신중해진다. 반대로 가격이 쌀 때는 생각도 적고 심지어 방치하기도 한다. 그냥 몸 가는대로 머리가 내버려 두는 것이다.

질문을 하나 해보자.

여러분은 지금 버스 정류장을 코 앞에 두고 있다. 여러분이 가야 할 거리는 딱 두 정거장이다. 어떤 방식으로 두 정거장을 가겠는가?

- 버스를 타고 간다.
- 택시를 타고 간다.

- 그냥 걸어간다(뛰어간다, 자전거 타고 간다 등등).

버스를 타면 1,200원이 필요하고, 택시는 기본요금 3,000원이다. 물론 걸어가면 공짜다.

바쁘지 않으면 버스를 탈 것이다. 택시는 바쁠 때나 무거운 짐이 있을 때, 아주 춥거나 덥거나 할 때 이용할 것이다. 공짜로 걸어가는 경우는 아주 한가할 때나 운동 삼아서 또는 솔직히 돈이 없을 때일 것이다.

이렇게 공짜부터 3,000원까지의 이 가격의 선택에서 심각하게 고민을 할 사람이 많을까 아니면 거의 없을까?

다르게 질문을 해보자. 서있기만 해도 땀이 흐르는 뜨거운 날씨에 어린 아들을 데리고 버스를 타기로 결정하고 정류장에서 이미 10분을 기다렸다. 그렇게 뙤약볕 속에서 10분을 기다렸다. 이 경우 어떤 선택을 할 것인가?

- 지금이라도 후다닥 택시를 탈 것인가?
- 지금까지 기다린 게 아까워 계속 버스를 기다릴 것인가?
- 택시도 언제 올지 모르니 두 정거장을 지금부터라도 천천히 걸어 갈 것인가?

아마 아까와는 달리 선택이 쉽지 않을 것이다. 여기엔 변수가 있다. 너무 더운 날씨라는 점, 그것도 혼자가 아닌 어린 아들과 함께 땀을 줄줄 흘리고 있다는 점 등의 변수로 인해 세 가지 카드에서 하나를 선택하기가 무척 힘들 것이다.

바로 이런 점 때문에 가격만으로 관여도는 설명되지 않는다. 날씨가 좋아도 어린 아들이 건강할 때와 아플 때가 다를 테고, 원래 가난해서 하는 고민과 진짜 지갑을 잃어버려서 버스를 기다리는 상황도 다를 것이다. 중요한 점은 우리가 어떤 상황·입장·현실에 있는가에 따라 관여도란 녀석은 두 얼굴이 아니라 열 번도 넘게 변신을 한다는 것이다. 나에게는 귀한 일이 남에게는 하찮고, 나에게는 심각한 고민이 누군가에게는 밥먹듯 하는 행위일 수 있는 것이다.

이처럼 상황의 변화에 따라 애초에는 없던 관여도가 생기기도 하는 것이다.

03

타겟에 따라
관여도는 달라진다

이번에도 관여도를 이해하기 위한 내용이다. 역시 가격이 아닌 다른 측면에서 관여도를 이해해 보자.

여대생에게 "미용실은 그대들에게 관여도가 높은가, 낮은가(미용실 문턱이 높은가, 낮은가의 표현이다)"라고 묻는다면 어떤 대답을 할 것인가?

이 책의 1장을 읽었고, 2장 2절까지 정확히 읽었다면 여기서 틀린 답을 하지 말아야 한다. 강의에서는 대부분 틀린 답을 말했다.

여대생에게 미용실은 문턱이 낮다. 여대생이라면 한창 자신을 가꾸고 멋내고 할 나이다. 밥은 굶어도 머리는 만져야 한다. 아무리 파마가 비싸고 염색에 돈이 들어도, 다른 것은 아껴도 미용실은 포기할 수 없다. 물론 모든 여대생이 다 이렇게 외모 지상주의는 아니지만,

넓은 의미로 나이 많은 여성에 비해 분명히 외모를 중시하는 나이대임을 설명하다 보니까 지나친 감이 없지 않다. 용서해 주기 바란다.

이제 질문을 어머니 세대에게 해보자. 사회활동이 많은 오육십대의 아주머니들이 아니라 평범한 우리네 어머니들에게 질문해 보자.

"어머니에게 미용실은 문턱이 어느 정도이신지요?"

그렇다면 우리 어머님들은 한결같이 "이 나이에 머리 예뻐서 뭐에 쓸려고 할까? 누구에게 잘 보일 일도 없고, 잘 보인다고 뭐가 바뀔리도 만무하고… 차라리 그 돈으로 손주놈 고기 한 근이라도 사먹이겠다"고 말할 것이다. 물론 이것도 마찬가지로 '인생은 육십부터'라고 생각하시는 많은 어머니들에겐 죄송할 따름이다. 양해를 부탁드린다.

필자의 사례를 하나 더 추가해 보자. 아내가 "슈퍼에 가서 두부 한 모 사다줘요"라고 하면 침대에 누워있던 모습 그대로 일어나 눌린 머리 거울에 한 번 비춰보고는 이내 무시한 채로 슬리퍼를 끌고 다녀온다. 나이 서른 전에는 밖에만 나가면 누가 나를 보는 것 같아 옷차림이며 머리에 신경을 썼지만 배 나온 40대가 되니까 그런저런 잡생각에서 벗어나게 되었다.

그러나 나의 아들은 다르다. 고등학생인 아들은 슈퍼에서 라면 한 봉지 사오라는 말에 기다렸다는 듯이(물론 사실은 반항을 계속한다. 가기 싫으니까, 귀찮으니까 말이다) 욕실로 들어가서 머리를 감는다. 그리고 드라이를 해서 자연스럽게 머리를 말린 후에 옷도 외출복으로 갈아입는다. 그렇게 라면 한 봉지를 사러 가기 위해 10여분 가량을 숨가쁘게 부산을 떤다. 이유는 한 가지다. 나가면 친구를 만날 수도 있고,

나가면 모든 사람이 나 하나만을 주시할 것 같은 부담스러운 착각 때문이다. 나 역시도 그 나이엔 별반 다르지 않았으니 그저 피식거릴 뿐이다.

　이렇게 이해당사자의 나이에 따라, 관심과 관점에 따라 문턱은 높아지거나 낮아진다. 관여도가 높거나 낮아진다. 간섭은 깊거나 얕아진다. 이런 것도 관여도의 중요한 내용이다. 관여도는 행위의 빈번함과 사실 밀접한 관계가 있다. 한우를 자주 먹는 사람에게 한우는 평범함이고, 자동차를 자주 바꾸는 사람에게도 그 선택은 별 것이 아니다. 남을 의식하는 행위냐 아니냐도 관계가 있다. 생애 첫 차를 사는 행위는 남들에게 보여지는 의미가 크다. "첫 차를 겨우 그걸 샀네. 하필이면" 이런 소리를 듣고 싶어할 사람은 없다. "아니, 그렇게 고르고 골라 겨우 백화점에서 그걸 사온거니?" 이런 소리도 듣고 싶은 사람은 없을 것이다.

04

생활 속 다양한 관여도의 관찰

왜 자꾸 '이런저런 예를 들어 설명하는가' 짜증 내지 말았으면 하는 바람이다. 다양한 사례를 통해 관여도를 제대로 이해할 수 있도록 하고 싶은 마음뿐이다. 고기를 잡기 위해 강으로 나아갈 배를 만드는 법이기 때문이다.

보습학원과 입시학원은 관여도가 다르다

보습학원은 초등학생을 대상으로 한다. 반면 입시학원은 중·고등학생을 대상으로 한다. 그러다보니 대부분의 아이들은 보습학원을 거쳐 입시학원을 가게 된다. 둘 모두 학력 상승을 위함이지만 사실은 다르다. 나이 차이, 환경 차이 때문이다.

보습학원을 보내는 부모가 어린 초등학생 자녀에게 "3개월 뒤에

성적이 오르지 않으면 혼날 테니까 작정하고 공부해"라면서 학원을 보내지 않는다. 보내지 않고 싶을 때도 있지만, 또래 친구들이 모두 학원에 가기 때문에 놀 친구가 없어서 보내는 경우도 있다. 학교에서 온 아이가 외롭게 혼자 집에서 노는 것이 안쓰러워서이기도 하다.

그런데 하나의 중요한 조건이 있다. 학교건 집이건 학원이 가까워야 한다는 것이다. 차를 타고 다른 동네의 학원까지는 잘 보내지 않는다. 우선 아이가 아직 어리기 때문에 차를 타고 멀리가면 사고나 길을 잃을 위험이 있어 보습학원을 고를 때는 거리가 가까운지를 먼저 살피고, 아이의 인성을 잘 보듬어 줄 수 있는 선생님인지를 파악하여 보낸다. 결국 보습학원을 고르는 방법은 까탈스러울 것이 없다는 뜻이다. 고민을 깊게 하지 않는다는 뜻이다.

하지만 입시학원은 다르다. 우선 보습학원은 한 달에 수업료가 7~8만원이지만, 입시학원은 과목당 수업료가 비싸고 특강과 같이 성적에 직결된 수업은 더한 대가를 치러야 한다. 보습학원과는 비교가 되지 않는다. 그리고 이미 머리가 굵을 대로 자란 아이에게 보습학원처럼 '친구랑 사이 좋게 지내라고' '공부하는 습관을 들이라고' '집에서 채워주지 못하는 인성 교육을 위해'가 아니다. 오직 목표는 성적 올리기다. 학원에 보냈으면 성적이 올라야 함이 마땅하고, 치룬 값이 크면 클수록 성적도 크게 올라야 한다. 그게 아니라면 그 투자는 쓸모없다. 그래서 까다롭게 선택한다. 부모는 최대한 다양한 정보를 모으기 위해 노력한다. 그 정보가 절대적이진 않고, 그럴리도 만무하겠지만 정보를 주고 받는 당사자들은 그것이 최대라고 믿고 의견을 교환한다. 그렇게 자신들끼리의 문턱을 높게 만들어간다.

입시학원은 이처럼 관여도를 높여 소비자가 결정하기 때문에 반드시 학교나 집과 가깝지 않아도 좋다. 산속에 있는 기숙학원도 경쟁률이 치열하다는 것을 우리는 매체를 통해 알고 있다. 좋은 학교를 가기 위한, 성적을 올리기 위함이 절대적인 목적이라면 거기에 부응하는 곳이 멀더라도 찾아서 간다.

패션시계도 사람마다 관여도가 다르다

필자는 손에 하는 치장을 좋아하는 편이다. 시계, 반지, 팔찌 이런 것을 좋아한다. 그래서 이런 것을 모으기를 좋아하는데 반지는 정품으로만 구입하고, 시계는 패션용으로만 구입한다는 원칙을 가지고 있다. 다만 패션시계의 값은 대부분 5만원을 넘지 않는다. 차다가 고장나거나 잃어버려도 괜찮을 가격이어야 하기 때문이다.

지금 차고 있는 현재의 패션시계는 딱 3분만에 구입했다. 그날도 그냥 생각 없이 진열장의 시계를 보게 되었다. 이미 두어 달 전에 산 패션시계를 손목에 차고 있음에도 눈에 들어오는 시계가 있었다. 가격은 5만원이었다. 결국 구매를 했고, 그것을 손목에 맞게 줄이는데 시간을 조금 소요한 후에 계산을 완료했다. 3분이거나 조금 넘었을 것이다. 패션을 위해, 자기 만족을 위해 구입한 시계였다.

이처럼 예물을 위해, 선물하기 위해, 자랑하기 위해 구입한 시계가 아니었기에 내게 패션시계는 저관여 제품이었다. 살 생각도 없었고, 사려고 마음 먹기도 가벼웠고, 산 후에 마음에 안들면 서랍에 처박아도 그만인 저관여 제품이었다. 그래서 결정이 빨랐다. 관여를 적게 하고, 간섭을 거의 하지 않았기 때문에 그처럼 빠른 계산을 치뤘던 것이다.

그러나 모든 패션시계가 이처럼 저관여는 아닐 것이다. 돈이 그것밖에 없는 가난한 사람에게는 예물시계가 될 수도 있을 것이고, 아직 사랑도 모르는 풋내기 청춘들에게는 정표가 될 수도 있을 것이다. 그러한 사람들에게는 가격을 떠나 소중함과 정성이 듬뿍 담겨야 하는 물건이 된다. 쉽게 흥정하지도, 할 수도 없는 물건인 것이고, 마음에 들지 않는다고 해서 서랍에 처박을 마음도 있어서는 안 된다. 의미가 남다른 것이다.

이처럼 필자에게 패션시계는 저관여이지만, 누군가에게는 고관여가 될 수도 있다. 필자는 패션시계를 분실하고도 아내에게 잔소리 한 번으로 그치면 되지만, 누군가는 사준 사람의 성의 때문에 하루종일을 복기하면서 시계를 찾아야 하는 고행도 마다할 수 없는 그것일 수도 있다.

신세계백화점과 이마트

같은 제품이라도 신세계의 물건은 비싸고 이마트는 싸다. 신세계는 백화점이고, 이마트는 마트이기 때문이다. 신세계에서도 전자제품을 팔고, 생필품을 팔고, 야채를 판다. 이마트도 마찬가지다. 그런데 가격이 틀리다. 물론 여기에는 여러 요인이 복합적으로 자리하고 있다.

그것을 감히 꼬집을 식견도 자신도 없다. 아니, 이야기의 중심은 그것이 아니다.

우리가 보통 백화점에 갈 때에는 머리에도 신경 쓰고, 옷도 챙겨 입는다. 또 옷에 맞추어 핸드백이나 구두도 신경쓰게 된다. 고관여를 상대할 때는 스스로의 마음이나 행색도 꼼꼼해진다는 뜻이다. 하지만 마트에 갈 때에는 복장에 신경쓰거나 구두나 핸드백을 챙기지 않는다. 그런 부산함이 오히려 부족함을 드러내는 듯 싶다.

백화점도 전단지로 손님을 호객한다. 마트도 전단지로 손님을 호객한다. 그런데 다르다. 백화점은 품격으로 승부하고, 마트는 가격으로 승부한다. 백화점은 명품 입점을 강조하고, 마트는 다양한 할인가격의 상품을 노출한다.

그렇다보니 백화점은 고관여다. 백화점은 비싸다. 비싸니까 자주 갈 이유가 없다. 자주 가지 않으니까 기회가 되면 차림새에도 신경을 써야 한다. 기왕 한 방문이니만큼 돈 몇 푼의 흥정은 용납되지 않는다. 격에 어울리는 구매가 타당하다고 생각한다. 그렇게 고관여를 완성시킨다.

반면에 마트는 저관여다. 마트는 대체로 싸다. 싸니까 재래시장보다 더 자주 가게 된다. 자주 가니까 눈을 감아도 위치가 떠오르고, 편하니까 차림새는 점점 만만해진다. 자주 하는 거래인지라 조금이라도 싸면 기회를 놓치지 말아야 한다. 유통기한이 길수록 1+1은 사두어야 한다. 저관여에서 가격 빼면 뭐가 남느냐고 당당해진다.

05
고관여 식당 vs 저관여 식당

대부분의 식당은 저관여다. 태생도 저관여(저렴한 가격)고, 보여지는 모습도 저관여(가도 그만, 안가도 그만)다.

그 식당을 고관여로 바꿔야 한다. 가지 않으면 아쉬운 식당이 되어야 하고, 오늘 어쩔 수 없이 못가면 기어이 다음주에는 기필코 가야 할 약속을 스스로 하게끔 해야 한다. 그것만이 살 길이다. 비싼 음식을 팔아야만, 좋은 시설을 갖춰야만, 엄청난 서비스를 해야만 고관여가 되는 게 아니다.

식당은 다행하게도 스스로 자존감을 높이는 도구들이 널려있다. 단지 그 도구를 어떻게 써야 하는지를 몰랐을 뿐이다.

어느날 주식이 올랐다며 친구가 "오늘 형님이 한턱 쏠게. 네가 잘 아는 횟집 한 번 골라봐라"고 한다면 어디를 고를까? 당연히 고급 일식집일 것이다.

반대로 친구가 "지난 번에 내가 샀으니 오늘은 네가 회를 쏴라"고 한다면 아마 당신은 저렴한 회센터를 데리고 갈 확률이 높다.

일식집은 두당 가격을 받기 때문에 일단 비싸다. 그리고 먹다 보면 처음 주문한 것 외에도 추가로 먹게 된다. 주방장이 오며 가며 슬쩍 권한 음식, 서버가 추천한다면서 권하는 음식도 주문하게 되다보니 많은 값을 치르게 된다. 그래서 접대를 하거나 받을 때 외에는 잘 이용하지 않는다.

반면 횟집은 친숙하다. 심지어 삼겹살 먹을래, 회 먹을래 할 정도이다. 두당 가격이 아니라 한 상 가격이기 때문에 큰 부담이 없다. 한 상을 깔고 먹기 때문에 푸짐하기도 하고, 상대적으로 포만감도 크다. 그래서 빈번하게 이용하게 된다. 때로는 스끼다시 없이 막회 한 접시에 소주 한 잔도 멋진 일이다.

- 일식집은 비싸다. 그래서 자주 가는 곳이 아니다. 공급자 역시도 많지 않다. 이것이 바로 고관여 식당이다.
- 횟집은 싸다. 그래서 자주 간다. 수요도 많고, 공급도 많다. 이것이 저관여 식당이다.

이런 예는 무수히 많다. 그만큼 고관여·저관여를 선별하기도 쉽다. 정말 쉽다. 쉬우니까 이 관여도를 잘 파악하고 이해하면 가게에 도움이 된다.

- 삼겹살은 저관여 식당이다. 반대로 한우 전문점은 고관여 식당이다.
- 샤브칼국수는 저관여 식당이다. 반대로 샤브샤브 전문점은 고관여 식당이다.
- 한정식은 고관여 식당이다. 그리고 쌈밥 전문점도 고관여 식당이다.
- 중국집은 저관여 식당이다. 반대로 불고기 짬뽕은 고관여 식당이다.
- 칼국수는 저관여 식당이다. 그런데 보쌈 주는 칼국수는 고관여 식당이 된다.

가격이 싸다고 무조건 저관여는 아니다. 쌈밥처럼 공급자가 적으면 대중적인 음식이라도 고관여 식당이 되기도 한다. 아니, 고관여로 만들기에 아주 유리하다.

흔한 대중적인 음식이지만, 불고기 짬뽕처럼 원가를 파괴한 음식점은 고관여 식당이 된다. 아무나 쉽게 흉내내지 못하는 차별성이 있기 때문이다. 마찬가지로 보쌈 주는 칼국수 역시도 흔한 바지락칼국수에서 '이 집 아니면 먹을 수 없는 곳'으로 고관여가 된다.

관여도를 설명하는 것이 바로 이 이유 때문이다. 저관여를 고관여스럽게 만들어 차별성이 있는 식당으로 변화하기 위함이다. 대중적인 평범한 음식을 가치있는 비범한 음식으로 만들기 위해서 줄기차게 고관여, 저관여를 설명하는 것이다.

비범해지기 위해 원가를 줄이는 방법, 더 나아가 차별화되고 특별

해지기 위해 원가를 더 키우는 방법까지 숙지해야 한다. 그것에서 깨
달음을 얻어야 한다. 그렇게 원가의 함정에서 자유롭게 이탈해야 한
다. 그래야 이기는 장사를 할 수 있다.

　이쯤에서 정답을 말할 수 있지만, 자신 있게 여러분의 것으로 익힐
수 없을 것이다. 버겁더라도 필자가 의도한 바대로 계속 읽고 생각해
주기 바란다. 그러면 남들이 고지식하게 원가의 틀에서 허우적거릴
때 이 책을 읽은 당신은 자유로운 사고로 멋진 장사를 할 수 있을 것
이다. 성공한 외식인이 될 수 있을 것이다.

06

고관여는 규모와 시설이 관건이다!

고관여 음식점은 결국 서비스업이라고 보면 좋다. 서비스 업종의 특징이 무엇이었던가. 바로 규모와 시설이다. 아무리 음식이 뛰어나고 맛이 훌륭해도 규모가 작아서는 고관여(지불가격이 비싼 식당)로 자리 잡기가 요원하다.

세상에 단 한 번뿐인 어머니의 칠순이었다. 가까운 식구만 초대해도 40~50명이 넘는다. 식대와 술값을 계산해 보니 200만원은 쓸 각오를 해야 했다. 어떤 식당에서 잔치를 해야 좋을까 의견이 분분하다. 이미 칠순을 치룬 친구와 선후배들에게 집요할 정도로 탐문하여 정보를 정리하기 시작했다. 앞으로 다시 없을 내 어머니의 칠순 생신이었기 때문이다. 그래서 관여도를 높여서(간섭을 많이 해서) 실망하는 일이 없어야 했다.

다행히도 이미 칠순을 경험한 지인들이 많아서 이런저런 조언을 얻으니 두어 곳으로 집약이 된다. 그 중에서도 음식의 맛이나 서비스 그리고 가격으로는 A가 높은 점수를 받았다. B는 그보다는 조금 떨어지지만 주차환경과 가게 규모에서 높은 점수로 추천했다.

나는 그 중에서 A를 선택한다. 어쨌든 음식은 맛이고 서비스이고, 또 가격을 무시하지 못하기 때문이다. 그래서 고개를 두 개 넘고, 서울을 벗어나 무려 두 시간을 꼬리에 차들을 매달고 운전을 했다. 연신 전화가 온다. "도대체 식당은 아직도 멀었나?" "얼마나 대단하기에 두 시간이나 운전을 해서 가야 하는가?"였다. 높은 관여로 취합한 정보가 있었기에 자신만만하게 대답을 하며 드디어 도착을 했다. 분명히 알려준 장소가 맞았는데 내 보기에도 식당이 너무 초라하고 작았다.

차에서 내린 동생들과 숙부들이 식당의 외관을 보면서 혀를 찬다. "겨우 이런 곳 오려고 이 먼 걸음을 한 건가" 식당에 들어서기 전에 실망한 사람들을 달래느라 진땀이 흐른다. 싸늘해진 식구들의 마음은 음식을 주문하기 전에 닫혀서 잔치는 기대에 못 미치는 결과로 남았다.

가상의 이야기지만, 그만큼 중요한 날(고관여적인 필요가 있어야 하는 날)에 선택해야 하는 요소 중 하나가 바로 규모와 분위기라는 뜻이다. 아무리 본질이 훌륭하고 가격 대비 만족도가 뛰어나다고 해도 고관여를 기대하는 사람들에게는 분명한 욕구가 잠재되어 있다는 뜻이다. 비싼 값을 치룰 만한 규모와 시설을 갖춘 곳이어야 한다는 점이다. 그런 점에서 보자면 위의 경우는 주차장이 뛰어나고 식당이 크고 인테리어가 훌륭한 B를 선택함이 더 올바른 선택이었을 것이다.

특별한 날에 오는 손님을 상대하거나 귀한 모임을 자주 갖는 식당이 있다. 이런 고관여 식당은 손님들의 접근성을 고려해 시내 중심부로 들어갈 이유가 없다. 비싼 권리금을 줄 이유가 없고, 높은 월세를 낼 까닭이 없다. 그런 돈을 규모와 시설에 투자해야 한다. 그렇게 해서 한 번 온 손님에게 만족도를 높여야 하고, 그렇게 인상적임을 잊지 않도록 해야 한다. 같은 음식을 먹어도 식당이 주는 웅장함과 품격, 색다름에서 맛은 변하기 마련이다.

한정식집을 예로 들어보자. 한정식은 한끼 식사로는 비싼 곳이다. 아무리 싸야 15,000원을 넘기 때문에 자주 가는 곳은 아니다. 김치찌개 전문점에 비해 비싼 것은 사실이다. 그리고 한정식은 남자보다는 여자가 즐기는 음식이다. 남자야 음식 자체로 만족할 수 있지만, 여자는 분위기에 따라 맛을 평가한다. 인상에 남아야 한다. 그래서 한정식집은 작아서는 안 된다. 그래서 대개의 한정식집은 규모가 크고 시설도 훌륭하고 주차시설은 필수적이다.

일산에서 한정식집을 하고 있는데 장사가 부진하다면서 연락이 왔다.

"규모가 어떠시죠?"

"35평 정도됩니다"

"주차장은 있나요?"

"한두어 대 가능합니다"

"얼마짜리를 파시는지요?"

"점심 2만원, 저녁은 3만원부터입니다"

"사모님 같으면 두당 2~3만원짜리 한정식을 드시러, 주차도 할 수 없는 35평 식당에 가시려는지요. 그 돈이라면 규모도 크고, 분위기도 근사한 한정식에서 식사를 할 수 있을 텐데요. 정말 왜 가게가 안 되는지 몰라서 전화를 주신 건지요?"

다시 거론하겠지만, 작은 가게는 태생적으로 저관여다. 이때 말하는 저관여는 철저하게 가격이 싼 음식을 파는 곳이라는 뜻이다. 작은 가게에서 고가의 음식을 파는 고관여 식당을 차려서 실패하는 것은 자명한 일이다.

물론 일식집처럼 예외는 있다. 일식집이 모두 큰 것은 아니니까 말이다. 작은 가게가 고관여를 팔려면 가격이 비싼 것보다는 공급이 적어서 일부러 찾아야 하는 고관여로 설정해야 한다.

07

저관여는 자리와
상품 구성이 관건이다!

가격이 낮은 음식을 파는 저관여는 판매업이다. 판매업이라고 생각하고, 자리를 구하고 상품을 구성하는 것이 낫다. 그래야 실수를 덜 하고, 비싼 수업료를 내지 않고서 깨달음을 얻을 수 있다.

저관여 외식 아이템은 많다. 가장 대표적인 것이 김밥집이다. 외식업이지만, 앞으로는 그냥 판매업이라 생각하고 업종별 특징에서 말한 것처럼 입지가 우선이고, 상품이 많을수록 좋다고 믿어 의심치 않으면 된다. 김밥집은 손님들이 많지만 먹는 시간이 오래 걸리지 않는다.

김밥집 외에 빵집도 여기에 속한다. 분명히 휴게음식점으로 사업자등록을 하지만, 실상은 판매업이다. 구매 형태가 확실히 이쪽에 속

한다. 손님들은 마음에 드는 빵을 고르고 선택하고 계산하고 포장하여 외부로 나간다. 점유시간이 짧다. 그래서 작은 가게에서도 회전율을 극대화할 수 있다. 커피도 아이스크림도 사실 판매업이다. 패스트푸드도 물론이다.

외식 아이템인데 판매업종이다. 여기에는 원칙이 있다. 이 원칙을 잘 살펴보면 내 가게가 판매업에 가까운지 어떤지를 알 수 있다.

저관여 식당의 특징

첫째, 정해진 때에 먹는 것이 아니다보니 그때만 팔려서는 안 된다. 김밥집을 생각해 보자. 점심과 저녁 때만 사람들이 찾을까? 물론 주로 찾게 되는 시간대임에는 맞지만, 그 시간만 손님이 반짝해서는 가게를 유지할 수 없다. 아침시간과 점심시간 이후의 시간, 늦은 시간에도 사람이 들어와야 한다. 그게 가능한 것이 가벼운 분식 종류의 음식들이기 때문이다. 점심을 먹고도 3시에 쫄면 한 그릇, 만두 한 판은 먹을 것 같다. 그러나 점심을 먹고서 3시에 '동태찌개를 먹고 싶다. 육개장이 먹고 싶다'고는 머릿속에 떠올리지 않는다.

둘째, 특정한 사람들이 주를 이뤄서는 안 된다. 작은 가게에서 작은 단가를 팔아서 월세를 맞추려면 특정한 사람들이 아니라 다양한 사람들이 들어와야 한다. 어린아이도, 학생도, 주부와 직장 남성, 거기에 노인들까지 들어오는 가게여야 한다. 김밥집의 메뉴판이 그래서 50~60가지가 넘는다.

셋째, 혼자서도 들어서야 한다. 식사시간대에 혼자서 들어갈 식당이 마땅치 않은 것이 사실이다. 괜히 부담스럽다. 혼자서 4인 테이블을 다 차고 있기가 자신 없어진다. 그렇다고 모르는 사람과 겸상도 싫고, 이럴 때 만만한 가게가 분식집과 김밥집이다. 김밥집을 보면 바쁜 식사시간대에도 벽에 붙은 1인용 붙박이보다는, 작지만 4인용 테이블에 혼자 떡하니 앉아 있는 손님을 흔하게 볼 수 있다. 그게 다 가게를 작게 보고서 만만하게 여기는 손님들의 심정이다. 얼마나 김밥집을 만만하게 보는지 알 수 있는 사례는 4명이 앉으면서 주문은 4가지다. 다른 식당에서는 최소 2인분+2인분 달라거나 아예 4인분을 통일하지만. 저관여 음식점은 십인십색으로 주문하고서도 당당하다. 기사식당도 이런 케이스에 속한다.

넷째, 김밥집의 수십 가지 메뉴가 '전 메뉴 포장됨'이라고 표시되어 있다. 이유는 분명하다. 앉아서 먹는 손님만으로는 매출이 버거우니까 포장이라도 해서 가게 안에는 없지만 먹는 손님을 만들어야 한다. 그렇게 2천원이라도, 3천원이라도 추가 매출을 올려야 한다.

다섯째, 저관여는 입지 위주다. 그래서 권리금도 높고 월세도 비싸다. 월세가 비싼 여부는 계산으로 인지해야 한다.

- 보증금 + (월세×100) = 전세가격
- 전세가 ÷ 실평수 = 평당 임대가격

평당 임대가격이 얼마냐에 따라 비싼 가게, 그렇지 않은 가게로 나뉠 수 있다. 서울이라면 평당 임대가격이 1,500만원 정도를 기준으로 삼을 수 있다. 통상 역세권에 붙은 접근성이 우수한 김밥집들이 보증금 5천만원에 월 300~500만원이다. 거기에 권리금은 최소 1.5억원 정도는 된다. 이런 식으로 계산해 보면 전세가격은 평균 4억원 정도이다. 이것을 실평수 10평으로 나누면 평당 임대료가 4천만원이다. 이러니 소자본 창업자가 가격대가 낮은 저관여 김밥집을 한다고 생각하는 것이 얼마나 무모하고 비현실적인지 알 수 있을 것이다.

소자본 창업자는 저관여를 할 수 없다. 그것이 판매업이든 무엇이든 말이다. 라면 하나, 김밥 하나는 먹어도 그만 안 먹어도 그만이다. 생각이 났을 때 눈에 보이면 들어가고, 없으면 만다. 가게에 들어서며 주문을 하면서도 기대감은 없다. 맛보다는 그냥 골라먹는 재미 정도가 있을 뿐이다. 그게 저관여다.

- 난 자본이 적다. 그래서 저렴한 음식을 팔아야겠다. 가게가 클 이유도 없다.
- 어휴. 내 가진 돈으로는 권리금도 치루지 못한다. 다음 골목으로 가야겠다.
- 돈에 맞는 가게를 겨우 구한다. 보증금 3천만원에 권리금 1천만원을 주었다.
- 10평 가게니까 뜯어내고 차리는데 큰돈이 들지는 않았다. 체인 본사에서 만들어 주었는 데도 2,500만원으로 끝났다.
- 이렇게 아끼고 저렇게 아꼈지만 통장은 잔고가 바닥이다. 벌어서 내야 한다.
- 그런데 손님이 도통 오지 않는다. 오기만 하면 죽여주게 잘해줄

자신과 의욕이 있는데 말이다. 어쩌다 들어오는 손님에게 묻는다. "어떡하면 손님이 오게 할까요?"

- "글쎄요. 라면 하나 먹으러 여기까지 누가 오겠어요. 특별한 메뉴를 개발하시면 모를까. 그것도 물론 소문이 나는 데는 시간이 걸리겠지만" 마치 전문가처럼 대수롭지 않게 콕 짚어서 이야기를 해주는 손님이 고맙다.

- 특별한 음식? 나는 그냥 저렴하고 평범한 분식을 하려고 여기에 온건데. 이건 뭐가 잘못 되었지 싶다. 싼 가격이니까 외져도, 뒤에 돌아 앉아 있어도 들어올거라 생각했는데 실상은 그게 아닌가 싶다.

- 가게를 내놓아야 할 것 같다. 하루 5만원도 버겁다. 일하는 아줌마는 애초에 내보냈고, 혼자서 가게를 꾸리는데 분식 수십 종류를 해내기도 이제 벅차지만 하루 10팀이 겨우 될까말까 한 손님들에게 지쳐버렸다. 역시 여기까진 오지 않는구나.

저관여 식당은 결국 자리가 답이다

저관여 음식점(여기선 가격이 낮은 것을 파는 집)은 그래서 자리 싸움이다. 있으면 먹고, 없으면 먹지 않는다. 뻔히 보여도 접근이 어려우면 억지로 오지 않는다. 그런데 보이지도 않고, 찾기도 어렵다면 오지 않는 것이 당연하다.

분명히 나는 그런 집을 봤고, 알고 있고, 문전성시를 이룬다고 독기를 품고 덤빌 이유가 없다. 물론 그런 식당도 있을 것이다. 세상엔 이럴수가 하는 일들이 참 많으니까 말이다. 그러나 누구나 그 주인공이 되는 것은 아니다. 그 기대보다는 복권을 사는 것이 더 나을지도 모른다.

그래서 저관여 음식점을 하려고 계획한다면 자신의 돈으로 창업하기에 가장 적당한 자리를 열심히 발품을 팔아서 뛰어야 한다. 3개월, 6개월이 걸리더라도 그런 자리를 찾아내도록 뛰어다녀야 한다. 그러면 정말 그런 자리가 구해진다. 정말 급박한 사정에 의한 그런 매물을 우연찮게 만날 수 있다.

08

저관여 가게와 비싼 월세, 어떻게 할 것인가?

음식 가격은 싼데 월세가 비싸다면 식당이 아플 것은 자명하다. 어지간히 팔아서는 월세 내기가 힘들거라는 단순한 예측은 굳이 전문가가 아니어도 알 수 있다. 그렇다고 음식 가격을 올릴 수도 없다. 24시간을 하던가, 포장을 늘리던가, 업종을 바꿔서 지금보다 나은 객단가를 확보하던가 변신은 불가피하다. 물론, 관여를 깨닫고 애초부터 선택하지 않는 것이 가장 바람직한 일이다.

일산 끝자락의 신도시는 적당한 활기를 띠지도 않은 얼굴이었다. 분명히 수많은 아파트와 상가가 있음에도 불구하고 애써 찾아서 부른 콜택시조차 오지 못하는 경우가 허다한 곳이었다. 실제 필자도 연이은 콜의 거절에 물어물어 버스를 타고 목적지를 향했다.

○○마을(주공 단지)에 있는 상가 뒤편이다. 가게는 14평으로 작은

데 월세는 무려 300만원이다. 현재 콩나물국밥 전문점을 하는데 하루 50~60그릇을 팔고 있다. 문제는 날씨가 풀리면서 이 국밥의 수가 조금씩 떨어지고 있음이 피부로 와닿는다는 연락이었다.

이 말만으로도 여러 가지를 감지할 수 있다. 상가 뒤편이라는 뜻은 주된 보행자와 차량에서 벗어나 아파트 일부를 겨냥한 자리라는 뜻이다. 그만큼 접근성과 흡수력에 힘이 없다.

가게가 14평이면 작은 가게다. 작은 가게에서 콩나물국밥 전문점을 한다. 이 책을 읽는 독자에게 물어보자. 여러분이 즐겨 찾던 콩나물국밥집의 규모는 어떠했는가 하고 말이다. 적어도 14평 정도의 크기는 아니었을 것이다.

그리고 가게가 14평인데 월세는 300만원이다. 보증금 5천만원을 보태어 전세가로 환산하면 3억 5천만원짜리 가게다. 이것을 임대평수로 나눈다면 평당 2,500만원이다. 서울 중심부 수치와 별반 다르지 않다. 그만큼 분양가가 높았다는 뜻이지만, 이런 가게를 굳이 얻었어야 할까도 불편한 선택이었다. 이 말은 상당한 것을 암시한다. 컨설팅을 받아서 일정 부분의 매출이 오르더라도 가게는 빨리 처분하는 것이 좋다는 것을 알아야 한다. 그리고 가장 중요한 것은 상권 타겟과 메뉴가 절대 일치하지 않는다는 점이었다. 콩나물국밥은 남자들이 즐겨하는 음식이다. 사무실도 없는 지방 외곽도시이고, 아파트는 전형적인 베드타운이다. 일하러 모두 나간 도시에는 남자가 없다. 독점적이라고는 하지만 가게의 매출이 늘어날 희망은 요원하다.

필자가 주창하는 관여도의 기준으로 살핀다면 작은 가게에서 비싼 월세를 내는 꼴이다. 그렇다면 식당에서의 메뉴 구성은 특정한 타겟을 겨냥한 전문점보다는 비전문화를 지향해야 하고, 남녀노소가 고르게 선호하는 음식이어야 한다.

작은 가게, 비싼 월세의 메뉴 선택법

가게가 작다는 것은 저관여다. 태생적으로 비싼 음식을 팔지 못한다. 비싼 값을 주고 일부러 작은 가게에서 팔아주었다는 소리는 한 번도 듣지 못했다. 물론 일식집처럼 예외가 전혀 없는 것은 아니지만 누구나 대중적으로 찾는 작은 음식점에서 비싼 값을 치룬 경험은 분명히 가지고 있지 않다. 그렇기에 작은 가게에서는 비싼 메뉴가 타당성이 없다. 보다 저렴한 메뉴를 선택해야 한다. 그래야 가볍게 만만하게 여기고 가게 문을 열게 된다.

　이것이 바로 작은 가게가 가지는 저관여(가격 측면)의 논리다. 그런데 이 작은 가게의 월세가 비싸다? 비싼 것을 팔지도 못하는데 월세가 비싸다면 어떡해야 할까? 어렵지 않다. 간단하다.

- 특정한 대상에게만 집중되어서는 안 된다. 학생도, 주부도, 직장인도, 노인들도 스스럼없이 찾아야 한다. 그래야 조금이라도 매출에 여유가 생길 것이다.
- 특정한 시간대에만 가게 문이 열려서는 안 된다. 아침도 좋고, 브레이크 타임도 좋고, 점심·저녁의 중간시간대에도 찾는 손님이 있어야 한다. 저녁 이후에도 간간이 들어와서 찾는 손님이

있어야 한다.

- 가게가 작기 때문에 내점으로만 먹어서는 안 된다. 14평 작은 가게에 테이블이라야 겨우 7개(좌석은 28개)이지만, 모두가 4명씩 들어오는 것은 아니기 때문에 실제 현실적인 만석은 20명이 최대다. 싼 음식을 20명에게 한 바퀴 제대로 팔아본들 돈은 허접할 뿐이다. 그래서 테이크 아웃이 가능한 음식이어야 한다. 배달까지는 아니어도 포장을 해서 가져가도 좋은 메뉴로 정리되어야 한다.

- 손님 혼자서도 쭈빗거림 없이 들어서야 한다. 먹는 시간이 길지 않기 때문에 혼자라도 반갑다. 혼자인 손님 스스로가 위축되지 않고 문에 들어서야 한다. 작은 가게인지라 서너 명의 손님이 있어도 밖에서 볼 때 가게는 흥이 있어 보인다. 제법 손님이 있는 것처럼 오인된다. 그런 이유로 1인용 식사 손님이라고 무시할 까닭이 없다.

이런 식으로 비싼 월세를 충당해야 한다. 이렇게 팔아야 비싼 월세를 감당할 수 있다. 그래서 선택되어지는 메뉴가 바로 분식이다. 분식 외에는 대안이 없다. 작은 식당에서는 적어도 그렇다. 이 논리를 깨려면 배달을 강화해야 하는데, 월세를 300만원이나 주면서 배달을 하는 심정을 아는 사람 아니면 모른다.

14평 가게는 이런저런 단점을 내포하고 있었음이 분명했다. 그래서 필자는 '제발 업종을 바꿀 수 있게끔 그 옆으로 경쟁자가 없었으면…' 하는 바람을 가졌다. 그러나 현장에 도착한 순간 그 바램은 보기 좋게 깨지고 말았다. 필자가 생각한 분식집, 그것도 아파트 주민을 겨냥한 고급스럽고 예쁜 분식집이 바로 옆에 있었기 때문이었다. '우리 동네 레스토랑'이란 컨셉으로 포지셔닝된 ○○○국수 분식 브랜드가 있었다. 김밥집에 비해선 조금 비싸지만 체인 김밥집보다도 훨씬 뛰어난 인테리어 분위기가 강점이다. 거기에 김밥집처럼 메뉴도 다양하다. 가벼운 분식부터 밥 종류까지 세대를 아우르는 메뉴로 잘 짜여진 브랜드가 바로 옆에 붙어 있었다.

필자가 현장에 도착한 시간이 2시였다. 콩나물국밥집은 1시 30분에 나간 손님을 마지막으로 필자가 있던 5시까지 단 한 명도 들어오지 않았다. 그에 반해 옆의 분식집은 끊임없이 손님이 이어졌다. 아이들끼리, 엄마와 아이들이, 엄마들끼리 등 다양하게 문을 열고 들어섰다. 필자의 논리가 다시 한 번 맞음을 느낄 수 있었고, 필자의 사전설명에 의뢰인은 옆 가게의 번성이 우연이 아닌 필연임을 깨닫고는 더 힘들어 해야 했다. 필자의 말이 사실이라면 옆 분식집은 앞으로도 계속 잘될 것이고, 이제 4개월 된 자신의 콩나물국밥집은 하루 50그릇도 버거운 날이 많을거란 예측이 스쳤기 때문이었을 것이다.

"아파트에는 남자가 없습니다. 일하러 가야 하니까요. 외곽 도시의 아파트 근처에는 남자가 없습니다. 사무실이 없으니까요. 그런데 남자의 음식, 남자를 겨냥한 콩나물국밥에 아직도 미련이 있으신가요?"

주인은 가맹비로 준 1천만원도 아깝고, 어쨌든 하루 50그릇 정도는 안정적으로 팔리는 부분도 버릴 수야 없지 않느냐고 필자에게 타협을 청한다. 근방에 콩나물국밥으로 해장을 할 곳이 없기 때문에 시간이 조금 더 지나면 나아지지 않겠느냐고 필자에게 위로 아닌 위로를 한다.

"'지금보다만 낫다면'이라는 전제라면 그렇게 해보죠. 지금 파는 매출보다 20~30만원 올리는 정도가 목표라고 한다면 그렇게 해보겠습니다"라고 답을 한다. 그러면서 한마디를 덧붙였다. "그 정도의 매출이 나올 때가 매각의 시기로 보셔도 좋습니다. 월 매출 2천만원 정도라면 팔 타이밍으로 충분합니다. 그때의 수익이 아까워 주저한다면 나중에 후회하게 될 겁니다."

그래서 제안한 필자의 처방전은 아파트에는 남자가 없지만, 아이들과 주부들은 있다는 점에 포인트를 두었다. 이미 아이들은 옆 분식집에 꽂힌 상태여서 그 아이들을 이곳으로 유인할 수는 없다. 대신 주부를 잡는다. 주부는 항시 아파트 안에 살고 있다. 아이를 기다리기 위해, 가정을 지키기 위해서다. 그렇다면 그들이 먹고 싶은 메뉴를 팔면 된다.

- 주부들이, 여자들이 선호하는 메뉴다.
- 주부들이, 여자들이 번거로워 해먹기 힘든 메뉴다.
- 주부들의 작은 모임에서 비싸지 않게 먹을 수 있는 메뉴다.
- 주부들의 미세한 입맛에 점수를 받을 수 있는 메뉴다.
- 여기에 또 추가해야 할 것은 작은 가게에서 먹기에 불편하지 않아야 한다는 것이다.

이러한 근거에 맞추어 필자가 제안한 메뉴는 칼국수다. 칼국수는 남자와 여자 중에서 여자에게 친근한 음식이다. 찬을 두고 먹지 않기 때문에 배가 덜 부를 것 같은 사소한 이유도 있다. 그리고 막상 해먹자면 번거롭다. 라면 한 봉지에 비해서는 무척 번거롭다. 면을 반죽하고 썰어야 하고, 야채도 다듬어야 하고, 해산물이나 바지락도 세척해야 한다. 한 그릇 먹자고 초가를 다 태울 판이다. 그래서 칼국수는 주부들에게 외식 아이템으로 괜찮게 다가온다. 늘 먹는 백반이야 자신도 식구를 위해 이것저것 필연적으로 해야 하기에 덜 호감적이다.

칼국수도 가격 관여도에서는 저관여다. 5천원, 비싸야 6천원이면 먹을 수 있다. 작은 모임에서 1만원 회비를 걷어 칼국수 한 그릇에 커피 한 잔으로 충분한 돈이다. 칼국수는 큰 가게에서도 먹지만 대중성을 이미 확보한 음식이기 때문에, 공급자가 많기 때문에 작은 가게에서도 먹을 만하다. 전문성만 보여준다면 작은 칼국수집에 줄 세우는 것도 심심치 않게 볼 수 있다.

현재의 유일한 단일메뉴인 콩나물국밥과 바지락칼국수를 결합하여 전문성을 확보하는 것이 분식집으로의 업종 변경 이전에 시도할 만한 소재였다. 그리고 이미 필자는 바지락칼국수를 멋지게 성공한 경험이 있었다. 좋은 면과 좋은 바지락, 풍부한 양 그리고 담백한 국물 맛, 맛깔스런 겉절이가 칼국수가 갖춰야 할 미덕이다. 이 정도만으로 아니, 이 정도만이라도 해낸다면 1등까지는 아니어도 제법 잘 되는 식당, 그래도 먹을만한 칼국수집으로 인정받을 수 있다. 그러나 기왕 해야 할 음식이라면 여기에 양념을 더 쳐야 한다. 그래서 그 칼국수집은 "○○이 끝내줘. 다른 곳에선 볼 수 없어"라고 말이다.

필자는 바지락칼국수를 만들면서 확실한 양념을 쳤다. 바로 '보쌈

주는 바지락칼국수'다. 반찬으로 겉절이와 보쌈을 함께 내어준다. 역사 깊은 대형 경쟁자가 염려되어 경쟁자보다 1천원 싼 바지락칼국수 가격을 고수했으면 한다는 점주에게 "그 1천원을 저에게 맡겨주면 가격 대비 만족도가 높은 칼국수로 만들겠다"고 했다. 그렇게 해서 원가 800원이 들어가는 보쌈을 만들 수 있었다.

1인당 4점을 먹을 수 있는 보쌈이니까, 3인 혹은 4인이 칼국수를 주문하면 보쌈 한 접시가 통째로 서비스됨을 알 수 있다. 그래서 손님에게 내어주면 "와~ 이렇게 주고도 남아요? 이만큼이나 공짜로 줘요" 하고 반응을 한다.

아파트에 없는 남자를 대상으로 하는 작은 가게 높은 월세의 콩나물국밥 전문점의 돌파구로 얼마나 적합할지는 모르지만, 오늘보다 나은 내일을 위해서는 해볼만한 가치가 있는 제안이었다. 실천은 역시 점주의 선택이지만 말이다.

09

가게는 작은데
월세도 싸다

먼저 가게 규모가 작다는 것은 태생적으로 싼 제품을 팔아야 한다는 뜻으로 이해하면 하나도 거칠 것이 없다. 이 책을 읽는 당신 역시도 작은 가게에서(그것이 식당이던, 판매점이던, 서비스 업종이었든지 간에) 비싼 소비를 한 경험에 대한 기억은 없을 것이 분명하다. 비싼 소비를 염두에 두었다면 그에 걸맞는 식당에서 소비를 할 것이 분명하다.

작은 가게니까 비싸지 않은 메뉴를 팔아야 한다. 그것은 분식처럼 아주 저단가일 수 있고, 우리가 일반적으로 지불하는 돈 1만원대의 객단가일 수도 있다. 문제는 월세가 싸다는 점이다. 월세가 싸다는 것은 그만큼 상권이, 입지가, 건물이 좋지 않다는 뜻이다. 외부에서 꾸역꾸역 밀고 들어오는 멀티 상권의 월세가 쌀 리 없다. 유동량이 버글거리는 입지라면 월세가 비쌀 것이다. 번듯하게 돈을 들여 신축으로 지어낸 멋진 상가라면 투자비용을 회수하기 위해서라도 월세는 그 값을 할 것이다.

그런데 월세가 싸다면 그만큼 상권이라고 할 것도 없는 단출한 곳이거나, 절대 누가 알려주기 전까지는 찾기 힘든 동네 외진 구석에 건물도 변변치 않은 모습일 확률이 높다. 이 말은 뭘 차려도 해먹기 힘들다는 뜻이고, 여간해서는 계약하지 않는 것이 신상에 이로움이라고 단정지을 수 있다. 그러나 실제로는 우리가 이런 구석진 자리의 가게를 간간이 제법 이용한다는 점이다. 왜?

일단 이런 집들은 오래되었다. 업소의 역사가 물씬 느껴지는 그런 곳이다. 그래서 세월이 궁금한 사람들에게 추억과 함께 음식을 구매할 수 있도록 돕는 역할을 한다.

그리고 이런 집일수록 확실한 팩트가 있다. 너저분하게 이것저것 잘하는 것이 아니라, 그것 하나만 제대로 하는 경우가 많다. 처음부터 그랬는지 어쨌는지는 모르지만, 정말 메뉴는 한두 가지가 전부고 값도 싸지 않은데 분명히 비범한 맛을 내고 있다.

남들이 기피한 자리를 선택할 때는 어떤 이유가 있어서가 아니다. 오직 그 까닭은 부족한 창업자금에 있다. 사람의 왕래가 있고, 길목 모퉁이에 있어 접근성이 좋은 가게는 작은 동네라고 해도 권리금이 수천만원이고 월세도 버거운 액수이기 마련이다. 가진 총자본이 권리금에도 미치지 못하는 상황에서 식당이라도 해야 입에 풀칠할 수 있는 그 정도의 한계를 가진 입장이라면 어쩔 수 없이 돈에 맞는 환경을 선택할 수밖에 없다. 그래서 권리금도 없이 보증금 500만원에 월 30만원이지만 그것도 간신히 계약한 것이고, 간신히 마련한 자금으로는 시설은 엄두도 내지 못해 중고 불판과 중고 의·탁자 몇 개로 시작할 수밖에 없는 것이다. 이처럼 입에 풀칠만 하자는 목표 아닌 목표로 출발하는 가게는 사실 부지기수다.

가진 돈이 전부 그것뿐인데 왜 앞골목으로 나가지 못했는가 따져본들 무슨 소용이 있을까? 그 자리는 무엇을 해도 망하기 마련이니까 돈을 더 빌리거나 아니면 아예 창업을 하지 말라고 말리는 것이 최선일까?

장사를 해서 생계를 이어야만 한다면 그렇게 해야 한다. 그것이 아무리 고되고 힘든 문턱이 수백 개라는 사실을 직시하고 있더라도 다른 대안은 사실 없다. 그래서 실패가 염려되어도 '설마 나만은'이라는 스스로의 합의 때문에 창업자는 매일매일 쏟아지는 것이고, 당연한 수순으로 문을 닫는 가게도 하루 수백 개씩 되는 것이다.

필자가 그런 현실을(너무나도 잘 알고 있을) 지적하고 어떤 대안을 마련하고자 이야기를 거듭하는 것이 아니다. 그렇게 모진 자리를 구할 수밖에 없는 현실이라면 관여도에 맞는 가게 컨셉을 만들어야 한다는 뜻이다. 구석진 자리로 사람들이 오게 만들려면? 궁금하게 여겨지도록 하려면?

외진 곳에서 살아남는 방법

앞골목에서 파는 음식을 그대로 뒷골목 구석에서 팔 때 관심을 받을 수 있을까 생각해 보자. 여기서도 팔고, 저기서도 팔고, 문턱을 넘어서기 쉽고 분위기도 좋고, 서비스도 괜찮은데 굳이 그와 유사한 음식을 먹기 위해 뒷골목 구석 음침한 곳까지 찾아야 할 이유는 없다. 그것은 굳이 식당이 아니어도 마찬가지다. 보다 특별한 것, 앞골목에서 가지지 않은, 팔지 않는 그런 것을 취급할 때 누군가의 안테나에 걸리는 것이고 한 번 경험토록 접근되어지는 것이다.

가게가 작다는 것은 필연적으로 싼 제품을 팔아야 한다고 했다. 싼 제품은 저관여다. 아무 생각 없이 구매를 결정한다. 사보고 마음에 들지 않으면 환불이 아니라 그냥 버려두거나 누군가에게 주거나 아니면 그냥 쓰레기통에 버린다.

그래서 작은 가게에서는 저단가의 음식을 팔아야 한다. 저단가의 음식은 많다. 김밥집만 들어가도 50여 가지 이상의 메뉴를 발견할 수 있다. 그런데 작은 가게의 월세가 작다면 반드시 고관여로 승부하는 것이 맞다. 여기서 말하는 고관여란 공급의 희소성이다. 남들이 잘 팔지 않는 것을 파는 것이다. 남들이 잘 만들지 못하는 것을 제대로 만들어 승부하는 것이다. 그렇게 해서 '그거 하나는 거기가 잘하던데' '가보니까 정말 그집은 딱 그거 하나만 하더라' '하나만 해서 그런가 맛은 정말 다르던걸. 진짜 진국이라는 느낌을 지울 수 없어'라는 생각을 갖게 해야 한다.

이런 소문이 구전으로 돌고 돌면 때마침 그 음식을 원하는 사람에게까지 전달되거나 정보로 취합되기 마련이다. 그래서 사람들은 복잡한 미로 같은 약도를 챙겨가면서 찾게 된다. 호기심 반 기대감 반을 안고서 말이다.

왜 이것이 가능할까 혹은 이것이어야 할까를 설명하면 다음과 같다.

하루종일 가게 앞을 이동하는 주민의 수가 적다. 그처럼 자리가 좋지 않으니까 월세라고는 겨우 기십만원에 불과하다. 기십만원이니까 조금만 팔아도 월세는 감당할 수 있다. 내 인건비가 적게 나오고 말 그대로 입에 풀칠할 정도라서 힘이 든 것이지만, 투자를 겨우 그것밖에 하지 않았으니 그 정도는 감수할 수 있다. 하루 10만원만 팔아도 혼자서 가게를 꾸리고 세를 내는 것은 어렵지 않다는 뜻이다. 하루 10만원이면 5천원짜리 음식 20그릇이다. 이 정도가 목표라면 앞골목에서 남들 다 파는 것으로, 대중적인 것으로, 여러 가지 메뉴 구성으로 파는 것이 더 쉬울 것 같지만 실제는 그것조차 팔지 못하는 경우가 수두룩하다. 바로 가치의 특별성이 없기 때문이다. 우연히 독 안으로 들어온 손님만이 마지 못해 먹는 그런 경우라고 해도 과언은 아닐 것이다.

하지만 하루 20그릇이 목표라면 보다 특별한 것을 만들어도 좋다. 그렇게 하루 10만원의 목표로도 가게를 운영할 수 있기 때문에 다른 곳에서는 팔지 않고, 먹기 힘들고, 제대로 맛나는 그런 음식으로 전문화·차별화를 시키는 것이다. 자리 힘으로는 도저히 어떻게 해 볼 여지가 없지만, 음식의 힘으로 만들어낸 결과들이 필요하다. 확실하게 '공급의 희소성'이라는 고관여로 승부해야 한다.

이상하게 들리겠지만 시장을 좁히면 장사는 때론 쉬워진다. 남녀노소 누구나를 위해 다 파는 것이 훨씬 더 매력적이고 경쟁력이 있을 것 같지만, 실상은 손님층을 좁힐 때 가능성이 더 높아진다.

10

가게는 작은데
월세가 비싸다

가게가 작은데 월세가 비싸다면 한마디로 상권 최고의 요지에 자리한 가게라는 뜻일 것이다. 규모가 작으니까 태생적으로 싼 값 외에는 팔 게 없지만, 높은 월세를 감당하기 위해선 웬만큼 팔아서는 가게 유지를 해낼 수 없다. 싼 제품을 많이 팔아야 하는 것이다.

다행스러운 것은 다양한 연령대의 구매 가망자가 넘치도록 다닌다는 점이다. 특정한 연령대를 상대로 팔기보다는 상권이 가진 힘 그대로 다양한 사람들에게 팔 수 있도록 준비하는 것이 최선이다. 어린 아이부터 노년층까지 남녀를 불문하고 팔아야 한다. 그게 바로 분식집이고, 김밥집이다. 김밥집의 메뉴가 50~60가지가 되는 까닭은 몇 가지의 전문 음식으로는 타산이 맞지 않기 때문이다. 메뉴가 전문화되어 있다는 뜻은 그 음식을 특별히 좋아하는 계층이 따로 있다는 뜻이다. 그리고 그 메뉴를 먹는 시간이 구분되어 있다는 뜻이다.

월세가 비싼데 특정 계층이 특정시간대(식사시간대)에 몰려서는 작은 가게에서 저단가 메뉴를 아무리 많이 판들 버거운 것이 사실이다. 그래서 출근시간에 들려서 가벼운 식사를 하고, 점심이 되기 전에도 50~60가지 메뉴에서 적당한 요기를 하도록 해야 하고, 점심과 저녁은 물론 야간과 새벽에도 가벼운 한끼를 때우기 위해 찾는 사람들이 있어야 한다.

그것만으로도 부족하다. 워낙 업장의 규모가 작아 좌석 수가 제한되어 있기 때문이다. 그래서 분식집의 모든 메뉴는 '전 메뉴 포장 가능'하고, 그것으로도 부족해 '24시간 영업'을 하는 것이다.

다행스러운 것은 월세가 비싼 그 자리는 야간과 새벽에도 어지간한 상권 못지 않게 사람들이 다닌다는 사실이다. 준비만 되어 있다면 팔 수 있다는 뜻이다. 얼마간의 매출이라도 반드시 가져올 수 있다는 말이다.

가격이 싼 제품이라는 것은 저관여다. 그리고 특정 계층이나 타겟층을 위한 전문 메뉴가 아닌 남녀노소를 겨냥한 비전문화라는 것도 공급자 상황에 빗대어 저관여다. 비싼 자리에서 특정한 사람들이 찾게 되는 고관여를 한다는 것은 불가능하다. 그래서는 월세를

감당할 수 없다.

예를 들어 '역세권 앞의 냉면집'을 생각해 보자. 냉면이라는 전문 음식은 김밥집과 다르다. 비싼 월세를 내면서 겨우 20평 남짓한 규모에서 냉면을 판다? 여름철에는 상당한 파괴력이 있다. 그러나 더위가 수그러드는 10월부터는 냉면집의 매출이 지나칠 정도로 한가해진다. 여름에 벌어 겨울을 버티는 현실을 감당할 수 있다면 그렇게 해도 좋다. 그러나 분명히 지적하지만 작은 가게가 비싼 상권에 자리한다면 특정 계층을 위한 음식이어서는 이로울 것이 없다. 보다 더 대중적으로 다가서야 한다. 관여도를 계속 떨어뜨려서 누구나 아무 때나 들어와 시키도록 컨셉을 無로 잡아야 한다.

저관여의 대표적인 김밥집은 장점이 없는 것 같지만, 아주 대단한 장점을 가지고 있다.

첫째, 때에 관계없이 문을 열게 한다. 김밥 한 줄을 사기 위해 정해진 시간이 있는 것은 아니다. 말 그대로 아무 때나 괜찮다. 접근성에 유리한 자리라면 1,000원 김밥으로 100만원을 파는 기적을 일으키는 것도 어렵지 않다.

둘째, 혼자서도 접근이 가능하다. 붐비는 식사시간이 아니어도 혼자서 한식집 문을 열기는 어색하다. 그러나 분식집은 붐비는 시간에도 혼자서 눈치보지 않고 손님들이 문을 연다. 빤한 2인용 테이블을 놔두고 4인용에 앉아서 1인분 하나를 달랑 주문하는 곳이 바로 분식집이다. 그만큼 문턱이 낮아서 자리만 잘 잡으면 가게 굴리는 것은 크게 어렵지 않다는 뜻이다. 다만 나쁘게 생각하면 손님에게 끌려가면서 장사하는 아이템이고, 좋게 생각하면 별 재주를 부리지 않아도 손님들이 까탈스럽게 하지 않는 장사가 분식이니까, 경험이 적고 조리 노하우가 별스럽지 않은 창업자에게는 안성마춤이다.

월세가 비싼 작은 가게는 월세를 감당하는 것이 일차적 목표다. 전문화에 승부하지 말자. 작은 규모에서 비싼 음식은 여간해서는 팔 수 없기 때문이다.

컨설팅 보고서 ❷

도심에서 블루오션 상권 찾아내기

평생직장의 첫걸음은 월세 노예살이 하지 않을 '점포찾기부터'입니다!!

1) 자신이 잘 아는 동네부터 뒤지세요.

2) 집과 가까운 동네 순서로 찾으세요.

3) 무조건 목이 좋은 부동산을 가세요.

4) 그 주변 부동산도 빼놓지 말고 가세요.

5) 먼저 앞 부동산에서 보여준 가게는 다른 부동산과 절대 다시 함께 보면 안 됩니다.

6) 초보 티 내지 마세요.

7) 가진 돈이 이게 전부가 아니라, 지금 가게가 너무 투자가 커서 이번에는 작게 하는 거라고 말하세요.

8) 희망평수와 가용 총액을 알려주세요(가진 돈의 70% 선에서 말합니다).

9) 낮 장사를 하실 거면 "칼국수집" 저녁 장사 위주로 하실 거라면 "감자탕집"이라고 말합니다.

10) 자본이 작으면 시설 권리금으로 얻습니다.

11) 자본이 작으면 주택을 얻는 것도 방법입니다.

12) 가게 사진을 찍으세요. 전면과 내부 컷.

13) 매물 비교표를 작성하세요.

14) 얻고 싶은 10가지 이유는 필수입니다.

15) 최종 체크(업종 궁합, 권리금)는 컨설턴트에게 맡기세요.

자기가 오래 산 동네는 그 어떤 전문가보다 잘 압니다.
어디가 망했고, 망한 이유가 뭐 때문이고.
어디 건물 주인이 독하고 등등을 압니다.
그걸 토대로…… 내가 직접 차릴 식당을 찾는 겁니다.

내 동네에 적당한 매물이 없다면 그때는 집과 가까운 순서로 찾습니다.
가까운 순서는 서울이라면 지하철 순서대로 뒤지는 겁니다.
불광동 봤다가, 교대 보는게 아니라
성수, 왕십리, 신당. 이런 순서로 차례대로 찾아보는 겁니다.
내 집 지하철을 기준으로 순서대로 나가면서 찾는 겁니다.

무조건 부동산에 가서 물으세요. 복비가 아깝다고 정보지 보지 마세요.
건물주 이상한 사람 만나느니, 복비 주시고 그거 피하는 게 좋습니다.

부동산도 목이 좋은 곳에 매물이 많습니다.
횡단보도 앞, 규모가 큰 곳. 시설이 깨끗한 곳 위주로 들어갑니다.
그러나 거기에만 매물이 있는 게 아닙니다.

건물주와 친한 구석진 부동산도 있습니다. 그래서 발품은 죄 파는 것이 안전합니다.
그리고 한 번 간 부동산 또 가는 것도 좋습니다. 이틀 걸러.
그럼 진짜로 하긴 할거구나 생각하고… 감춰 둔 걸 보여줍니다.
처음 본 사람에게 좋은 가게 보여주는 경우는 드뭅니다.

부동산 다닐 때 주의할 점은…
A와 함께 직접 가게 안을 본 매물이 있습니다.
그런데 C도 그 매물을 보여주려고 합니다.
이때는 반드시 말해야 합니다. "그건 저기서 봤어요"
"얼마로 들으셨어요"라고 물으면 "사장님이 먼저 말해주셔야죠…"라고 합니다.
금액 차이보다 더 중요한 것은 A에게도 보고, C에게도 보고나서
그걸 결정할 때 복비 싸움이 일어납니다.
둘 다 자기 손님이라고 우기고, 자기에게 복비를 달라고 합니다.
이때 점주가 맘이 약하면 복비를 따블로 줘야 그 싸움에서 벗어나게 되니까, 한 번 본
매물은 다른 사람과는 보지 않습니다. 그냥 그쪽은 얼마인지만 확인하는 겁니다.

그래서 가격 차이가 크게 나면
먼저 보여준 부동산에 이야기해서 "그 금액에 맞춰주던가, 아니면 난 그쪽 부동산을 통해
계약한다"라고 말하는 겁니다. 그럼 싸움시비 없습니다.

그리고 복비 걱정하시는데
복비는 나라에서 정한 기준대로 입니다.
과하게 부르면 "구청에 그 수수료를 신고해도 되냐?"고 말하면 됩니다.
정히 염려되면 미리 복비부터 물어보세요. 그래서 과하게 부르면
"복비가 너무 비싸서 그건 안할래요" 하는 겁니다.

부동산은 사람을 딱 보면 압니다.

초보에게 좋은 건 안보여줍니다.
초보는 진짜 좋은 걸 봐도 판단을 못해서 질질 끌기 때문에 안보여줍니다.

저처럼 빠꼼이에게도 안보여줍니다.
보여줬다가 제가 임차인과 직접 거래할 수 있는 염려 탓입니다.
실제 프랜차이즈들은 부동산 통해서 얻은 정보를 가지고 직거래를 합니다.
어차피 직원이 실제 운영할 사람이 아니기 때문에
부동산이 와서 따지려고 해도 사람이 다르니까 따지지 못하는 겁니다.

그래서 초보 티를 내지 말아야 합니다.
1) 가게 2개 하고 있어요.
2) 두 번째 걸 권리금을 너무 비싸게 줘서 짜증나요. 당했어요..
3) 이번엔 알짜배기로 해볼까 합니다.
4) 시설 안해도 좋은 가게라면 총액 얼마(자기자본의 70%)로 보여주세요.

당당하게 말하세요.

돈이 없어서 그만한 가게를 찾는 게 아니라.
돈은 많은데 세 번째 식당이라 이번엔 큰돈 안 쓰려고 하는거다…라는
인식을 심어주셔야 합니다.

부동산은 애매하게 말할 때 싫어합니다.

애매하다 = 하자는 거야, 말자는 거야……로 이해합니다.

그래서 정확히 말해주면 좋습니다.
• 희망평수 30평. 반드시 1층. 도로변. 전면은 6미터 이상.
• 시설 안해도 된다면 보증금 포함 총 얼마(가진 돈의 70%).
• 월세는 자리에 따라 생각해볼 수 있음

이렇게 구체적으로 말하면. 초보 티도 벗을 수 있고,
확실히 가게를 구해서 창업할 사람이라고 인정하게 됩니다.

부동산은 자기가 전문가라고 생각합니다. 진짜 그런 분도 계십니다.
업종도 그래서 말해주면 더 낫습니다.

내가 점심이 주력인 식당을 할거라면 "칼국수집, 돈가스집"으로
내가 저녁에 술과 함께 할 식당이라면 "감자탕집, 삼겹살집"입니다.
그냥 이 정도로 말하면 됩니다.
근처에 이렇게 있어서 안보여주려고 하면
"자리 좋으면 업종 바꾸면 되지 촌스럽게 뭘 따져요"라고 쏘아붙이면,
진짜 현재 식당 2개 하고 있다고 생각합니다.

자본이 작으면 시설이 되어 있는 식당을 찾으세요.

대략 식당의 투자금은 이렇습니다.
20~30평 기준으로 볼 때
인테리어 비용은 평당 100~200만원으로 차이가 큽니다.
하지만 주방설비는 1,000만원 정도로 잡으면 무난합니다.
거기에 간판과 의탁자, 그릇도 1,000만원 정도로 계산하면 됩니다.
냉난방기, 전기승압, 가스승압, 기타 등등도
일반적으로 1,000만원 정도 예상하면 됩니다. 20~30평이라면요.

그래서 전체적인 모든 비용을 포함하면 평당 250만원이면 무난합니다.

자신이 가진 자본이 이런 계산으로 모자르다고 생각되면
시설 권리금으로 절반 정도 생각하는 겁니다.
이 계산으로
총투자비가 6,000만원이라면,
시설 권리금으로 3,000만원 정도 부르면 적당합니다.
그럼 간판과 그릇만 바꾸면 되니까요.

내가 가진 나머지 30%로 간판과 그릇을 바꾸면 됩니다.

자본이 작으면 주택을 얻는 겁니다.

주택은 일단 권리금이 없습니다.
주택은 주택 자체의 맛(남의 집 훔쳐보기)이 있기에
도배와 장판만 투자해도 됩니다.
물론, 간판이나 마당 꾸미기 등등도 있을 수 있습니다.
주택은 월세가 상대적으로 쌉니다. 주인은 가정용 세를 받았던 경험 뿐,
상가로의 월세 개념이 약해서 상대적으로 어쨌든 월세는 쌉니다.

주택에서 빌라는 예외입니다. (다 뜯을 각오가 아니라면)
단독주택을 말합니다.
· 벽돌집
· 마당이 작게라도 있는 집
· 1층이거나 2층집 정도를 말합니다.

부동산에 가시면 주택용 매물도 있습니다.
그걸 찾는다고 하면 그런 손님은 드물기에, 있다면 많이 보실 수 있습니다.

주택을 식당으로 내놓은 주인은 월세 욕심이 있으니까, 보증금은 최대한 낮게 하고
월세를 치러도 됩니다. 전월세 계산은 1%입니다.
1,000만원에 10만원. 하지만 막무가내 주인들은 2%를 요구하기도 합니다.

제3장

식당,
관여도로 풀어야
이긴다

발칙한 상상은 원가를
벗어나는 데서 출발한다.
남과 다르려면 '열심히'만으로는 안 된다.
누구나 다 열심히, 이를 악물고 장사한다.
하나를 팔아서 얻어지는
단순한 마진을 버리고
열 개를 팔 때, 백 개를 팔 때
얻어지는 결과와
그렇게 줄 서는 가치를 중요하게 생각할 때
내일이 기대되는 식당이 될 것이다.

01

저관여는 입지,
고관여는 규모와 시설이 무기다

많은 사람들이 좋은 가게 자리를 구하겠다고 상권분석 공부를 하는데, 미안하지만 관점을 바꾸는 것이 훨씬 이롭다. 고관여를 자신한다면 일부러 많은 권리금으로 접근성이 좋은 곳에 가게를 얻지 않아도 된다. 관여도를 몸에 체득하면 장사 스타트를 달리할 수 있다. 관여도를 모르면 2억원도 부족한 돈이지만, 관여도를 통해 입지에 대한 자신감이 붙으면 1억원이면 실탄이 해결된다.

고관여의 식당은 권리금을 덜 주어도 좋은 가게를 찾을 수 있다. 고관여는 대체로 가게 규모가 큰데, 이렇게 큰 가게는 상대적으로 권리금이 약하다. 이유는 분명하다.

가게가 크면 대체로 월세가 높다. 그리고 고정비인 월세가 높으니 장사가 부진하면 존립 자체가 버거워진다. 그래서 가게를 내놓을 때

보증금이라도 건질 요량이 더 크다. 장사를 하기 위해 자신이 한 시설 투자는 포기한 지 오래다. 보증금이라도 건져야 다시 뭘 하든 할테니까 말이다. 그래서 100평 이상의 식당이 매물로 나오면(장사가 어지간히 안 되어 나올 땐) 권리금은 몇 천만원 수준이거나 아예 없기도 하다.

그래서 현실은 다소 웃기다. 15평 김밥집을 창업하는 김 사장도 최소 2억원은 필요하다. 권리금 1억원에 보증금 5천만원, 시설비 5천만원은 있어야 한다. 그런데 100평 한정식을 창업하는 박 사장도 2억원이면 충분하다. 보증금 1억원에 시설도 되어 있는데 권리금은 없고, 5천만원으로 리뉴얼을 하고 나머지 돈으로 기술교육, 초도물량 준비까지도 할 수 있다. 이처럼 창업자금은 비슷하게 들었는데 김 사장은 그냥 동네 김밥집 아저씨가 되고, 박 사장은 지역 유지급의 박 사장님으로 불린다.

필자도 소형 점포에서 저관여 식당을 하겠다고 온 손님보다는 대형 점포로 고관여 식당을 하겠다고 온 고객이 훨씬 편하다. 그런 자리는 구하기도 쉽고, 위험요소만 제거하면 운영의 결과도 빨리 볼 수 있기 때문이다.

호프집과 치킨집의 관여도 차이

호프집과 치킨집은 관여도가 어떻게 다를까? 치킨 안주를 파는 호프집과 생맥주를 파는 치킨 전문점은 정말 같은 것일까?

호프집은 저관여다. 그러나 치킨집은 고관여다. 이게 이해되어야 한다. 이것이 도통 이해되지 않으면 2장까지의 관여도 정독은 아니라는 뜻이다. 관여도는 가격만이 전부가 아니다. 공급자의 수에 따라서도 다르고, 희소성의 원칙에서도 관여도는 갈리기 마련이다. 그것을 이해하고 바라보아야 한다.

호프집에서 파는 메인 상품은 생맥주다. 쉽게 말하면 OB, CASS, HITE로 나뉜다. 어딜 가던 이 범주를 벗어나지 않는다. 서울에서 마셔도, 제주에서 마셔도, 대천에서 마셔도 똑같다. 가격도 같다. 메인 상품이 같으니 어디서, 어떻게 마셔도 관계없다. 일부러 그 집을 가야 할 이유가 없는 것이다. 그 집을 가지 않고 다른 곳을 가도 마찬가지인 것이다. 그래서 호프집은 쉽게 말해 저관여다.

그에 반해 치킨집은 고관여다. 둘둘치킨의 맛과 보드람치킨의 맛과 교촌치킨의 맛과 BBQ의 맛은 다르다. 분명히 다르다. 맛이 같은데 브랜드가 다를 이유가 없다.

친구가 "오늘 호프 한 잔 어때?"라고 하면 아무 호프집이나 가면 된다. 가서 노가리를 시키던, 골뱅이를 시키던, 치킨을 시키던 관계없다. 메인 품목은 호프라는 사실이다. 그런데 친구가 "오늘 치킨 어때?"라고 한다면 그것은 또 생맥주 한 잔을 곁들여 마시자는 우회적 표현이다. 치킨을 먹으면서 함께 생맥주를 마시면 좋겠다는 소리다. 그래서 여기서는 메인 상품이 치킨이 된다. 이때 어떤 맛의 치킨을 먹을까 하는 작은 실랑이가 생긴다. 물론 돈을 내는 쪽이 선호하는 치킨을 대부분 선택하겠지만 말이다. 어쨌든 치킨의 브랜드마다 맛의 특성이 다르기 때문에 가까운 곳에 치킨집이 있다고 무작정 들어서지는 않는다. 당신도 마찬가지일 것이다.

호프집은 그래서 접근성이 쉬워야 한다. 유동량도 많아야 하고, 1층일수록 좋다. 2층 호프집에 간 기억은 별로 없을 것이다. 흔하게 널린 1층 호프집을 마다하고 2층까지 갈 적에는 시민호프처럼 규모가 엄청 크거나 특별한 수제 안주가 유명한 곳이기 때문이었을 것이다. 변별력이 없는 부족한 저관여 호프집은 자리가 매출을 결정한다. 그래서 권리금에 투자를 많이 해야 한다.

반대로 치킨집은 여력이 되어 접근성이 좋은 1층 가게를 얻으면 좋겠지만, 그런 여력이 부족하다면 2순위 입지를 잡아도 좋다. 현저하게 외져 있지 않다면 자신만의 색깔이 있는 치킨으로 손님이 들어오도록 설계할 수 있다. 이때 다소 접근하는데 불편함을 감수하고 찾아온 손님에게 보다 쾌적한 공간과 색다른 인테리어 분위기로 치킨과 호프를 마시게 하는 투자는 필수적이다.

이경태의 훈수

호프집은 안주가 많아야 한다. 저관여는 입지와 상품의 다양성이 무기다. 치킨집은 안주가 많을 이유가 없다. 고관여는 핵심 상품이 뚜렸해야 하고, 규모와 시설이 무기다. 이렇게 반복을 해도 고개를 갸우뚱 한다면 큰일이다.

02
14K 매장과 명품 매장은 관여도가 다르다

점포 설계에 대한 설명을 할 때 꼭 빠지지 않고 소개하는 사례가 있다. 바로 14K 액세서리 매장 vs 명품 매장의 내용이다. 14K 액세서리는 저관여다. 반면 명품은 고관여다. 그렇기 때문에 점포의 설계부터 달라야 한다. 손님에게 접근하는 방식이 다르기 때문이다.

14K 액세서리 매장은 가게가 작다. 하지만 유동량이 많은 시내 번화가, 상권 중심가에 자리하고 있다. 역시나 사람들의 왕래가 많은 요지에 가게를 얻은 탓에 가게 문을 열고 들어오는 손님이 많다. 그런데 열 사람이 들어오면 한둘 정도가 겨우 사간다. 그것도 한참을 들여다보고 물어보고 직접 착용해 볼 만큼 다한 후에 "다시 들릴게요" "좀 더 보고 올게요"라며 나간다. 참 당당도 하다.

기본적으로 14K는 값이 싸다. 누가 봐도 순금이 아니라는 것은 다 안다. 싼 것을 사는 것은 충동구매다. 계획된 구매가 아니라 충동적으로 저렴한 액세서리를 샀기에 동네방네 자랑할 일도 없다. 디자인이 예뻐 보이고 상대적으로 싸다는 판단에 가게에는 들어왔지만 손님의 고민은 그때부터 시작된다는 점을 알아야 한다.

'이걸 사는 게 잘하는 일일까?' '왜 사야 하지? 막상 차보니까 별로 어울리진 않는데' <u>'싸다고 괜한 소비를 하는 것은 아닐까?' 이런 고민을 하게 된다. 저관여 상품에 대한 구입이기 때문이다.</u>

그래서 이미 그것을 알고 있는 가게의 입장에서는 그런 갈등에서도 선택을 하도록 다음과 같이 꾸준히 호객을 해야 하는 것이다.

- 많은 디자인의 상품을 보여주고
- 기꺼이 직접 체험하도록 도와주고
- 입으로는 "사지 않아도 좋으니까 한 번 껴보세요. 차보세요"라고 끊임없이 권유한다.

그리고 손님은 고민을 하다 '사지 않는 쪽'으로 결정을 해도, 나가면서 당당하게 "다시 들릴게요" 인사를 할 수 있는 것이다. 사지 않아도 후회할 일이 전혀 없으니까 사지 않은 것이다. "사지 않아도 좋으니까 구경만 하라"고 해서 "다시 들릴게요" 할 수 있었던 것이다.

하지만 명품 매장에 가는 사람은 절대 아이쇼핑을 하지 않는다. 아이쇼핑을 하기 위해 머리를 손질하고 정장을 한껏 차려입지 않는다. 보통 백화점에 갈 때에도 뭔가를 사야 한다는 결심이 들기 마련인데 백화점보다 더한 명품 매장이라면 오죽할까?

명품 매장은 대체로 크다. 일단 주차공간이 좋고, 도심에 있으면 더욱 좋겠지만 다소 외곽으로 빠져도 진정한 명품을 취급한다면 사람들은 알아서들 찾아온다. 명품 매장에 들어서면 처음 보는 직원인데도 오랜 단골을 대하듯 귀하게 말을 건다. 이런저런 칭찬의 말이 이어지더니 "사모님께 어울리는 제품이 딱 하나 있는데 보여드릴까요?"라는 한마디에 내가 기대한 디자인에는 못 미치고, 가격도 더 비싸지만 지갑을 열고 카드를 꺼낸다. 바로 칭찬에 대한 지불이다. 나에 대해 관심을 베풀어 준 보답이다.

고관여 제품을 염두에 두었기에 살 의사는 분명히 있다. 사기 위해 간 것이니 사는 것이다. 그리고 원하던 명품을 가졌으니까 14K처럼 있어도 없어도 그만인 것과는 다르다. 친구들도 다르게 볼 것이 분명하다. 그래서 작정하고 나온 것이고, 그 작정보다 다소 과하기는 했지만 나를 세심하게 관찰한 전문가가 권유한 제품이니까 구매를 결정한 것이다. 시장 장사꾼처럼 물건부터 보여주고 흥정하지 않고, 귀한 손님으로 인정하고 격을 높여주면서 권한 물건이니까 믿을 만한 구매가 되는 것이다. 100만원을 생각했지만 50만원 더 쓴 것이 큰 흉이 될 것 같지는 않다.

하지만 저관여는 구입을 계획하지 않는다. 충동적으로 값이 싸니까 대충 고르기도 하지만, 싼 값의 물건을 굳이 사야 하는가 고민하다 포기도 쉽게 한다. 어쩔 수 없이 사야 하는 분위기라면 상한선을 넘지 않도록 고민한다. 그때 불편한 관여를 하게 된다. 소비에 대한 만족도가 없음이 분명하지만 구매를 해야 하는 불편한 고민을 하게 되는 것이다.

고관여는 쏠 준비, 실탄도 철저하다. 이미 집을 나서기 전에 사전 정보를 모두 모은다. 마치 서울 처음 놀러 온 사람처럼 눈을 굴리고, 머리를 굴리지 않아도 좋다. 집을 나서기 전에 온갖 관여를 통해 예산과 소비 결정을 끝낸 만큼 현장에서는 분위기에 따라 결정하면 된다. 나를 치켜세우면 더 쓸 것이고, 중산층 대하듯 하면 거기에 맞는 소비만 하면 된다.

관여도는 이렇게 상황을 넘나든다. 이미 결정한 사람에게는 자세한 상품 설명이 필요 없다. 가게의 특징을 설명할 필요도 없다. 대신 개인적인 관심과 칭찬을 해야 한다. 그것이 매출 상승에 보탬이 된다. 이미 내 가게의 정보를 파악하고 들어온 손님에게 뭘 더 어필할 것인가? 최선과 진심어린 마음과 감사의 표시, 칭찬의 언어를 던지면 된다.

03

저관여 식당에서는
신발끈을 풀지 않는다

점포 설계는 좌식과 입식을 구분한다는 것을 뜻한다. 가게가 커서 적당히 나누어 세팅하고 배열하면 좋겠지만, 그렇지 못할 경우가 문제다. 작은 김밥집에선 입식 스타일일까, 좌식 스타일일까? 물으면 지금까지의 경험으로 인해 '입식이 맞다'고 말한다. 정답이다.

저관여는 들어가도 그만, 들어가지 않아도 그만이라는 생각에 만약 무심코 들어섰다면 순간적으로 써야 할 돈을 계산한다. 그리고 자신이 정한 상한선을 벗어나지 않을 작심을 한다. 그래서 저관여는 아무리 애를 써도 객단가, 테이블 단가가 잘 오르지 않는 것이다. 경험하면 할수록 작심한 사람을 무장해제 시키기란 참 어려운 일이다.

강의 중 수강생들에게 "김밥집과 같은 분식집에서 1인당 평균 얼마를 쓰시는지요?"라고 질문을 하면 대부분 "잘해야 5천원 내외"라고 답한다. 라면 하나에 김밥 한 줄이면 충분하다. 분식집에서 1인당 7~8천원을 쓴 기억은 별로 없다. 그 정도의 돈을 쓸 거라면 한 가지를 먹어도 제대로 하는 식당에서 먹을 것이 자명하기 때문이다.

저관여 식당은 입식 위주로!

저관여 식당에서 신발을 벗어야 하는 좌식을 만드는 것은 넌센스다. 신발을 벗었다는 소리는 다리를 뻗기도 좋고, 누울 수도 있다는 의미다. 그만큼 점유시간이 길어지는 것이다. 옛말에 다리를 뻗으면 눕고 싶다는 말도 있지 않던가.

먹는 값은 정해져 있는데, 그것도 약소한 금액인데 앉아 있는 시간이 길다면 과연 식당에 유리한 상황일까? 이 질문에 지금 당신은 분명히 고개를 저을 것이다. 둘이서 라면 하나, 칼국수 하나에 김밥 한 줄 시켜 놓고 30~40분 수다를 떨고 있다면 주인으로서 당신의 심정은 어떨 것인가. '손님 다 드셨으면 저희도 장사를 해야 하니 자리를 좀 비워주시겠습니까?' 차마 말로는 뱉지 못하고 속으로만 열 번 넘게 꺼내다 삼킬 게 뻔하다.

어차피 오래 있어도 쓸 돈이 더 이상 나오지 않음이 분명하다면 좌석을 편하게 만들어 줄 이유가 없다. '불편하면 스스로 일어나겠지' '엉덩이가 배기면 금새 나가겠지'라고 처리해도 무방하다.

그래서 저관여 식당은 테이블을 작게 만든다. 어차피 주문 메뉴 외에 깔아주는 것(그만큼 원가가 많이 들어갈 테니까)이 없으니까 작아도 좋다. 거기에 맞게 의자도 최대한 작은 것으로 구비한다. 등받이도 직각으로 불편해도 좋다. 싸게 먹는 사람에게 오래 있도록 권장할 것은 못되니 말이다. 의자 쿠션이 없어서 엉덩이가 배겨도 나쁘지 않다. 먹었으면 빨리 일어서도록 일부러라도 할 판이니 말이다. 거기에 테이블끼리의 간격 역시도 좁게 만든다. 그래야 테이블 하나라도 더 놓을 것이고, 그래야 모르는 사람과 가깝게 얼굴 보며 불편하게 먹는 시간을 줄이게 될 테니까 말이다.

이렇게 해도 될까 말까인데 신발끈을 풀게끔 좌식으로 세팅을 한다? 큰일 날 소리다. 수년 전 모 지방도시에서 중국집을 좌식 컨셉으로 바꾸어 화제가 되고, 유행이 된 적이 있었다. 중국집도 저관여다. 요리 음식이 있기는 하지만 2천원 짜장면, 3천원 짬뽕으로 가격파괴 전략을 들고 나온 중국집이었다. 그런 저관여를 팔면서 규모를 키우고(당시는 50평 이상의 중대형이 유행이었다) 그것도 모두 좌식으로 설계해서 편하게 먹도록 했다. 손님의 입장에서는 환영할 일이다. 고마운 컨셉이었다.

그러나 역시 점유시간이 길어지고, 단가는 복지부동이다 보니 큰 규모에 맞는 월세와 고정 인건비를 감당해 낼 여력이 없게 되었다. 그래서 그 컨셉의 중국집은 2년도 되지 않아 그 도시에서 소리 소문 없이 자취를 감추고 말았다.

고관여 식당은 좌식 위주로!

반면에 고관여는 좌식 위주가 좋다. 논리는 간단하다. 고관여는 비싼 음식이다. 특별히 생각하고 찾아서 먹는 음식이다. 어쩌다 들린 식당인지라 보다 길게, 편하게 먹고 싶은 마음을 갖는다. 편한 것은 좌식이다. 그 논리 하나만으로 충분하다.

　작정을 하고 찾은 식당의 분위기가 남루하고 허름하다면 함께 간 사람에게 면이 서지 않는다. 소문을 듣고 찾아간 식당인데, 주문도 하기 전에 '그 소문의 진위가 궁금한' 그래서 기대감이 떨어지고, 기대감이 낮은 상태에서 먹는 음식인지라 역시나 맛도 생각 이하가 되기 마련이다. 그래서 규모가 큰 식당은 규모만큼 시설력으로도 지불 가치를 보전해야 한다. 비싼 음식을 파는 식당일수록 어떤 분위기에서 먹게 하는가에 따라 손님의 일반적 만족도의 평가가 판이하게 갈린다는 것을 알아야 한다.

　오래 전 클리닉을 했던 횟집의 크기는 15평으로 작았다. 그런데 회를 파는 곳인데 드럼통 컨셉을 가지고 있었다. 입식으로 말이다. 분명히 타겟은 주택가 주민이었다. 그래서 깔끔하게 훈수를 두어 매출을 확 끌어올렸다.

　"타겟은 주택가 주민들입니다. 그리고 회는 오래 먹는 음식입니다. 값도 삼겹살에 비해서는 높은 쪽에 속합니다. 그렇기 때문에 현재의 입식 구조를 좌식으로 바꿔주세요. 대신 드럼통 컨셉은 괜찮습니다. 특별해 보이니까요. 그리고 메뉴를 너저분하게 나열하지 말고, 확실하게 반응할 수 있는 대표 메뉴군 위주로 짜서 보여 주세요"

최근 새롭게 등장하는 분식 컨셉들도 분명히 가격적으로는 저관여(저단가 제품의 구매에선 고민을 많이 하지 않는다)이고 공급자 측면에서도 저관여(대중적인 아이템으로 경쟁자가 많은)인 것이 분명하지만, 시설과 분위기는 고관여(조금 더 독특하게, 돈을 더 들여서 고급스럽게)로 가는 브랜드들이 있다. 트렌드가 바뀌는 것일까?

아니다. 절대 아니다. 그것은 브랜드 전략, 차별화의 일환일 뿐 가게 매출에는 손님을 불편하게 만들어 회전율을 높이는 것이 분명히 타당한 가치다.

정리하면 이렇다. 어느 한쪽이 아니라 중도를 원하는 대부분의 창업자의 바람에 맞추어 설명을 하자면 고관여는 가급적 방 위주로 점포를 설계하고 투자한다. 바쁜 직장인, 치마가 불편한 여성을 위해 입식을 만들기도 하지만 최소한으로 꾸민다. 8:2 정도다. 그렇다면 저관여는 반대로 2:8이면 될 것이다. 어쩌다 들릴 수 있는 단체를 위한, 장년층을 위한 좌식을 일부 배치하는 것이다. 저관여는 신발끈을 풀지 않도록 해야 한다.

고관여 식당은
파티션이라도 막아라

고관여가 모두 방이나 좌식으로 설계하는 것은 아니다. 그것으로 모두 완성되지 않는다. 삼겹살 전문점은 입식도 괜찮다. 그러나 그보다 약간 비싼 횟집은 좌식이어야 한다. 그렇다면 횟집보다 더 비싼 일식집은 어떨까?

여기에서 거론할 점포 설계는 터진 홀 위주인가, 막힌 룸 위주인가의 이야기다. 이것도 관여도를 통해 풀어내야 한다. 정말 관여도는 중요하기 짝이 없다. 지금까지 이것을 모르고 고생한 것을 생각하면 여러분도 헛웃음이 나올 것이다.

횟집은 개방형으로!

여러분이 최근 초대형 횟집을 갔다면 그곳이 룸 위주로 되어 있었나? 아니면 터진 개방형 홀이었나? 아마도 개방형 홀이었을 것이다. 횟집에서 룸 위주로 설계된 곳은 아직 본 적이 없다.

횟집은 일식집과 비교할 때 저관여이다. 횟집은 테이블 단가가 거의 균일하다. 횟집은 상한선을 정하고 들어왔기 때문에 주인이 애를 쓴다고 해도 매출이 크게 늘지 않는다. 그래서 다 먹은 손님은 빨리 보내야 한다. 보통 튀김을 주면 이제 일어서도 좋다는 뜻인데, 매운탕 육수 보충에 처음에 나간 스끼다시를 조금 더 달라고 하면서 겨우 소주 한 병을 시킨다면 이게 돈이 되는 장사일까? 소주 한 병에 30분은 더 죽치고 있겠다는 뜻인데 말이다. 8만원 회 한 상을 주문하고 이후의 매출은 3천원짜리 소주가 전부라면 이들을 내보내고 새로운 팀에게 8만원짜리 상차림을 파는 것이 당연한 것 아닐까?

그래서 함께 둘러앉은 서넛 중에서 한 사람은 양심적인 성향이 강할 테니까 하는 마음에 기대본다. 지금 앉지 못하고 자리가 나기를 기다리는 손님들을 보여주는 것이다. '대충 먹었으면 일어나지?' 하는 레이저가 누군가의 눈과 마주치도록 하는 것이다. 그렇게 해서 일행 중 한 사람이 "야, 기다리는 사람들 많은데 이야기는 옮겨서 하자. 오래 있는 것도 실례다" 이렇게 자연스럽게 처리되어야 하니까 개방형 홀로 꾸미게 되는 것이다.

일식집은 룸으로!

하지만 일식집은 다르다. 일식집은 일단 두당 가격을 받기 때문에 횟집에 비해서는 마진이 좋다. 손님 두셋이 들어와 주문을 하면 일단 10만원은 확보된다. 횟집보다 출발도 좋고 마진도 좋다. 그러나 여기서 끝이 아니다. 방으로 앉히고 문을 닫아주면 자신들만의 세상이 되고, 남 눈치 볼 것이 없으니까 호기도 부리게 된다.

"금가루를 탄 소주 오늘 한 병 개시할까요?"라고 서버가 상냥하게 물으면 고개를 저을 사람은 없다. 주방장이 눈물주 한 번, 특별히 맛있는 생선살이라고 서너 점 가져다 바치면 팁도 나오지만 "오늘 머리조림 괜찮은데 추가하시겠습니까?" 하면 이것도 OK다.

다른 테이블 손님들이 서둘러 일어서는 것도 보이지 않고, 시간이 어떻게 갔는지도 모르지만 갇힌 룸 안이다 보니까 급할 게 없다. 그리고 어느 정도는 쓰려고 작정했지만 대접을 받을수록 '그래 며칠 술 끊고 오늘 제대로 마시는거야'라고 작정한 마음은 더더욱 확실해진다.

그래서 고관여 식당은 룸으로 막아주는 것이다. 귀한 분들의 모임이니까 막아주기도 하지만, 철저하게 소비에 대한 무장해제라는 심리가 숨어 있다. 기왕 쓰려고 들어온 사람에게는 조금 더 쓰게 만드는 것이 아주 쉽다. 그 쉬운 길을 놔두고 새로운 손님에게 처음부터 주문을 받아 시작하는 것은 좋은 방법이 아니라는 것을 나도 알고, 여러분도 알고 있다.

좌식과 룸은 고관여 vs 입식과 홀은 저관여

절대적이랄 것은 없지만, 입식이면서 고관여로 만드는 방법은 테이블 간격을 넓게 해주는 일이다. 개방형 홀이면서 고관여 답게 해주는 방법은 고정 파티션을 세워주는 요령으로 해결된다.

대형 고깃집이나 횟집에 갔을 때, 남은 자리가 홀의 중앙밖에 없어 되돌아 나온 경험이 한두 번은 있을 것이다. 사람들은 보통 창가 자리를 선호한다. 창가가 다 차면 벽에 붙은 자리에 앉는다. 가게 중앙의 60%에 가까운 테이블이 남아 있어도 사람들은 "자리가 없으니 다른 곳으로 가자"고 한다.

창가 쪽 자리는 한 면이 고정되어 나를 보호하는 느낌을 받는다. 그리고 구석 벽면 역시 한 면이 고정되어 기댈 수 있는 공간을 확보해 준다. 그러나 중앙 개방형 공간은 아무것도 지지하거나 기댈 것이 없다. 있다고 해봐야 이동식 낮은 파티션이 전부인데 그것으로는 안심하기에 부족하다. 바로 이런 이유 때문에 테이블의 절반 이상이 중앙 홀에 모여 있음에도 손님들은 가급적 그 자리를 피하려고 하는 것이고, 마지못해 앉게 되는 것이다. 이것을 예방하는 방법은 의외로 간단하다. 기댈 수 있는 가벽을 세움으로써 해결된다. 이때 가벽은 완전히 막힌 벽이 아니어도 좋다. 그냥 각기둥을 테이블 폭에 맞추어 서너 개 정도 세워줘도 그만이다. 단 확실히 기댈 수 있는 벽이라는 느낌을 주기 위해 반드시 고정으로 세워야 한다. 천정까지 올려세우면 더욱 확실해진다. 이렇게 꾸미면 그 기둥을 기준하여 손님들이 좌우로 앉게 된다. 손님들에겐 기댈 수 있는 것이 필요했던 것이지 완

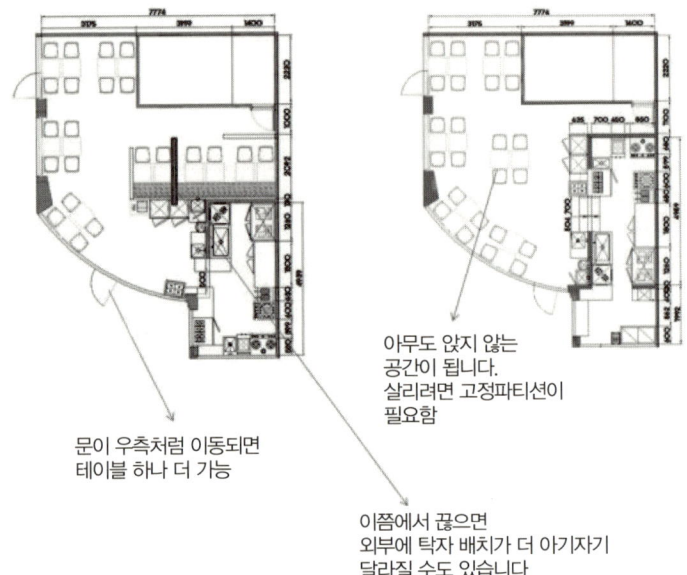

문이 우측처럼 이동되면
테이블 하나 더 가능

아무도 앉지 않는
공간이 됩니다.
살리려면 고정파티션이
필요함

이쯤에서 끊으면
외부에 탁자 배치가 더 아기자기
달라질 수도 있습니다

벽히 가려진 룸은 아니었으니까 말이다.

지하철을 타면 사람들은 대부분 가장자리부터 앉는다. 가장자리는 기댈 벽이 있기 때문이다. 그리고 중간에 세워진 두 개의 기둥(벽이 아니고, 그냥 봉 기둥이다)을 기준으로 양 옆으로 앉는 것을 볼 수 있다. 사람의 심리는 자기 방어에서 출발한다는 사실을 아주 쉽게 이해할 수 있을 것이다.

이처럼 저관여 음식을 팔더라도 가게의 크기가 허락되거나 보다 안락한 식사를 하도록 배려를 고민하고 있다면 간접 룸으로 각재를 세워 투광은 확보하면서 구획이 자연스럽게 갈리는 설계를 시도하면 의외의 결과를 얻게 될 것이다.

05

저관여 식당은
세트 메뉴를 버려라

세트를 구성하면 이것저것 고민하지 않고 먹을 수 있을테니 손님에게 좋은 메뉴판이라고 생각할지 모르나 '고만고만한 음식을 모았다고 팔릴까?' '오합지졸을 많이 모았다고 걱정이 없을까?'로 생각을 바꾸면 '아차!' 싶을 것이다. 리더가 없는 세트는 아무런 감흥이 없다. 그거 하나 먹자고 덤비는 대표메뉴를 만들어야지, 적당한 도톨이 키재기의 상품끼리 묶는다고 팔릴 리 없다.

카레, 우동, 돈가스, 덮밥 등의 음식을 파는 20평 남짓한 일본식 분식집 체인점이 역세권 대로변 길가에 자리잡고 있다. 꽤 권리금을 주어야 할 것 같았고, 적어도 월세는 400만원을 훌쩍 넘길 것 같았다.

일본식이라는 단서는 달았지만 관여도 측면에서는 저관여다. 일반 분식에 비해서는 비싸지만 그렇다고 한끼 식사가 1만원을 넘지는 않는다. 김밥집에 비해 3~4천원 정도 비쌀 뿐이다. 저관여 아이템이기 때문에 역세권에 자리잡은 것은, 대로변에 선점한 것은, 400만원의 월세를 주어도 좋은 것은 잘 선택한 결과다.

그런데 이상한 메뉴판이 붙어 있었다. '오늘의 점심 특선'이 붙어 있고, '세트 메뉴'가 강조되어 유리창에 노출되어 있었다. 과연 저관여 식당에서 이것을 강조할 이유가 있을까?

'오늘의 점심 특선'은 시간이 바쁜 직장인들을 위함이다. 무엇을 먹을까 고민하지 말고, 밖에서 결정한 후 들어오라는 뜻이다. 그러면 주문에 걸리는 시간이 줄어든다. 또한 가게 입장에서는 이것저것 만들 필요 없이 오늘의 특선만 준비하면 되니까 일부는 미리 준비해두어 시간을 벌 수 있고, 주문대로 만들어도 벅차지 않는다. 점점 손에 익으니까 속도는 더 빨라진다. 하지만 이것이 통하는 자리는 직장인이 확 몰리는 그런 오피스 상권에서의 점심 영업 형태다. 그냥 일반 뜨내기 손님이 다니는 목 좋은 곳에서 '오늘의 점심 특선'은 저관여가 가진 다양성에서 골라먹는 재미를 망가뜨리는 표현이기 때문에 맞지 않다.

저관여 식당에서는 세트 메뉴도 그다지 힘을 발휘하지 않는다. 물론 하나의 가격으로 여러 가지를 먹게 한다는 의도는 저관여에 충실하다. 특히 김밥집 손님들이 머리 수대로 제각각 음식을 주문하는 현실에 비추면 옳은 방법인 것 같다.

그러나 손님들이 선택하여 4인 4주문을 하는 것과 주인이 정한 세트 메뉴는 다르다. 손님이 볼 때 세트 메뉴를 시키는 것은 가격 할인이라는 이득 때문이다. 햄버거와 콜라, 감자튀김을 따로 시키는 것보다 세트로 시킬 때 값이 줄어든다는 것을 알고 있기 때문에 주문자 다수가 햄버거 세트를 주문한다. 양이 똑같음을 알기 때문이다. 여기서 이 내용이 중요하다. 세트로 주면서 가격은 낮아지는데 양은 같다. 여러모로 손님에게 이로운 것이 분명하다.

반면 분식집에서의 세트 메뉴는 그 원칙과 이익이 없다. 가격을 줄여주는 것에는 동의하지만 양도 함께 줄여서 내어준다는 점이 다르다. 대부분 가격에 맞춰 양을 줄여 실제로는 원가에서 손해를 전혀 보지 않으려는 무리수를 두고 있다. 그런 경험이 있다 보니까 실제로 양은 동일하지만 가격을 내려서 원가의 부담을 점주가 떠안았음이 분명한데도 손님들은 의심부터 하는 경우가 비일비재하다.

그래서 한정식집에 4명이 와서 부득불 3인분만 달라고 떼를 쓰는 것이다. 믿지 못하기 때문이다. 햄버거 하나, 콜라 한 컵, 감자튀김 한 봉지가 확실하게 드러나는 세트가 아니기 때문에 얼마든지 눈속임으로, 손 재주로 양을 줄일 수 있다는 의심 때문에 머리 수대로 주문을 하지 않고 식당과 실랑이를 하는 모습을 심심치 않게 보게 되는 것이다.

이럴 때는 오히려 식당이 먼저 손님을 안심시키고 만족시키는 것이 필요하다. "김치찌개 4인분 시키지 마시고, 제가 양을 더 드릴 테니까 3인분에 사리를 추가하세요. 반찬이야 둘이던 넷이던 달라는 대로 드리니까 그렇게 주문하시는 것이 손님에게 이익입니다" 이런 점주의 멘트에 손님은 감동해 쓰러지는 것이다.

앞서 언급한 일본식 분식점의 경우 일식 형태의 분식이지만 결국은 분식점이다. 저관여 식당에서 손님의 기대치는 본인들 각자가 원

부대찌개 주문하는 법

4인분은 팔지 않는 송송식당

4명이 오시면 3인분 주문하세요

공기밥 추가로 5천원 아끼세요~

하는 대로 각각의 주문이다. 그런데 '오늘의 점심 특선'과 '세트 메뉴'로 이미 그 주문의 즐거움을 빼앗아 버렸다. 가격이 조금 내렸다고는 하지만 손님들은 '양도 딱 그만큼인데 뭘' 하는 빈정을 하며 나간다. 그래서 약은 손님들은 세트 메뉴 하나로 둘이서 먹고 간다. 세트를 만든 이유와 목적이 객단가를 높이기 위함이었는데, 결과는 테이블 단가가 줄어들게 된 것이다. 기가 막힌다. 어쩌면 손님은 이처럼 영악한지 모르겠다.

이경태의 훈수

이 문제를 해결하는 길은 메뉴를 늘리는 길뿐이다. 뒤에서 보다 자세하게 설명하겠지만 저관여에 적합한 자리에서는 메뉴를 늘려서 다양한 손님들이 오도록 해야 한다. 전문화로 승부하는 것은 그다지 좋은 전략이 아니다.

06

고관여 식당은
할인 이벤트를 버려라

고관여를 세일하는 것이 좋을까? 저관여를 세일하는 것이 좋을까? 100만원짜리의 할인과 1만원짜리의 할인, 손님은 어떤 것을 좋아할까? 가게가 어떤 가격을 할인해 줄 때 좋은 가게로 소문이 날까를 고민해 보자. 이것도 관여도에 따른 가격 마케팅 측면에서 반드시 짚고 넘어가야 할 문제다.

사고 싶던 TV가 있었는데 너무 비싼 값에 주저하고 애만 태웠다고 치자. 어느날 느닷없이 진열품도 아닌 정품을 50% 할인한다는 전단지를 보고 아침 일찍 달려가 구매를 했다. 정말 기분이 좋을 것이다.

그런데 이 구매자는 이후에 그 전자대리점에서 정상가로 제품을 구매할까? 남들에게도 자신이 50% 싸게 산 대리점이니까 기왕이면 거기서 사라고 추천할까? 아마도, 미안하지만 그러지 않을 것이다.

오히려 "절대 그 전자대리점에서는 정상가를 주고 사지 마라. 언젠가는 파격적으로 50% 할인을 한다. 내가 그렇게 산 장본인이다. 전시품이 아닌 정품을 내가 그렇게 샀다"고 추천이 아닌 홍보를 할 확률이 높다.

진심이 통하는 할인을 하라

보통 식당이 오픈을 하면 동네 잔치하듯이 가게가 오픈했음을 알리기 위해 할인도 하고, 덤도 주고, 떡도 주고, 개업 선물도 나누어 준다. 이때 식당이 가진 핵심메뉴, 즉 가격이 나가는 고관여 메뉴를 할인해 준다고 하면 손님들의 반응은 "이렇게 주고도 남으니까 하겠지? 그럼 이 행사가 끝나고 손님이 찾으면 주인은 얼마가 남는 거야?"라고 수근거린다. 비싼 것을 싸게 주면 감사해야 하는데 그래도 남을 것이라고 짐작하는 것이다. 그래서 행사가 끝나면 그렇게 잘 먹던 행사 메뉴를 기억에서 지워질 때까지 한동안 시키지 않는다. 완전히 주인의 의도가 통하지 않은 것이다.

반대로 6천원짜리 칼국수 한 그릇을 2천원에 할인 행사를 하면 "많은 손님에게 맛을 보이려고 이렇게 하는구나. 와 이렇게 많이 와서 먹으면 이 집 오늘 꽤 손해 볼텐데"라며 안타까워 한다. 그리고 고마워 한다. 그러니 행사가 끝나면 정상가 6천원을 받아도 불만이 없다.

그래서 식당에서 가격을 가지고 마케팅의 도구로 활용할 거라면 가장 저렴한 가격대이거나, 진심이 통하는 가격대이거나, 실제 원가가 낮은 메뉴를 활용해야 한다. 그래야 손님들이 빈정거리지 않는다. 가격에 상처 받아서 다른 가격도 의심하거나 그 메뉴의 질 자체를 폄하하지 않는다. 참고로 소주나 맥주 등의 공산품 가격을 후려치는 것도 한 방법이지만, 문제는 남도 따라하면 그만이기 때문에 그다지 파괴력이 없다. 식당에서 3천원에 파는 소주를 1천원에 준다고 손님이 굉장히 기뻐할까? '아니, 슈퍼에서 구입하면 어디서건 소주는 1천원인데, 별 것 가지고 생색을 내는구나'라고 생각할 뿐이다. 특히 연령이 높을수록 공산품 가격을 깎아주는 것에는 그다지 흥미를 느끼지 않는다.

고관여 식당은 할인이 아니라 선물을 줘라

그런데 만일 고관여 음식점에서 이벤트를 해야 하는데, 그 어떤 메뉴도 싸게 후려칠 만한 것이 없다고 치자. 이런 식당이라도 개업 행사, 1주년 행사는 피할 수 없다. 그렇다면 가격을 할인하지 않고, 해줄 수 있는 성의 표시는 무얼까? 이때는 바로 덤을 활용하는 것이다. '소갈비 1인분(3만원) 주문시 3만원 명품 우산을 드립니다'로 하는 것이다.

만약 소갈비 가격을 50% 할인해 주면 손님들은 '무척 많이 남는 장사를 한다'고 오해를 하게 된다. 그러나 3만원짜리 소갈비를 먹으면 3만원짜리 명품 우산을 준다고 하면 손님들은 '언젠가는 사야 할 명품 우산을 이 기회에 돈 주고 샀다. 어라 그랬더니 3만원짜리 맛있는 소갈비를 공짜로 주더라' 하게 된다. 아니라고 우겨도 할 말은 없다. 어쨌든 3만원을 번 횡재수는 분명히 손님들이 느끼게 될 것이다. 그보다 더 중요한 것은 '그렇게 주고도 남아?'라는 의심에서는 벗어난다는 사실이다. 이것이 포인트다.

이코래의 훈수

가격으로 유인하지 마라. 가격은 단칼 해답처럼 보이지만, 실상은 발목을 잡는다. 비싼 가격을 할인하면 정상가는 아무런 의미가 없고, 싼 가격을 또 할인하면 그 할인가조차 의심을 받는다. 대체로 가격을 내렸을 때 매출이 오르는 착시효과를 갖는데, 그건 허상이다. 오히려 원래 정상가에 대한 의구심을 키우고, 앞으로의 가격에 대한 신뢰에도 문제가 생긴다. 하수는 가격 싸움을 하고, 고수는 가성비 싸움을 한다. 몇 글자 안 되는 차이지만 엄청나다.

07
매출 30% 달성을 위한
관여도별 노하우

저관여 식당에서 매출 30%를 올리는 것과 고관여 식당에서 매출 30%를 올리고 싶다면 어떤 방법을 써야 할까? 당연히 각각은 목표고객과 그에 대한 홍보와 서비스가 모두 달라야 한다. 당연히 달라야 하는데 다르게 하지 않고 같은 방법, 같은 노출을 하니까 효과가 떨어지는 것이다.

일매출 100만원 김밥집에서 30만원을 더 팔고 싶다면 철저하게 새로운 고객을 오게 만드는 노출에 집중해야 한다. 없었던 새로운 메뉴를 만들고 더 친절하고 다양한 세트를 구성하는 것은 그다지 의미가 없다. 그 이유는 다음과 같다.

• 메뉴판에 신메뉴가 많다고 혼자서 2~3개씩 먹지 않는다.

- 친절하다고 김밥에 라면을 시켰던 손님이 떡국까지 추가하지 않는다.
- 세트를 만들었는데 2인이 세트 하나만 먹는 일이 생긴다.
- 분위기가 끝내준다고 분식 상차림이 근사해지는 것은 아니니 1인당 주문금액은 4~5천원이 전부다.

다시 말하지만 저관여는 이미 지출해야 할 선을 잡고서 주문한다. 절대 그 이상 낼 준비나 여유를 갖지 않는다. 뭘 먹어도 기대 이하임이 분명하고, 반찬도 없이 달랑 주문한 음식 그것만 먹어야 하는데 가게를 위해 예상보다 많은 지출을 해줄 이유가 없다.

저관여 식당은 신규 고객을 늘려라

가게가 조금 더 매출을 올려야 한다면 새로운 손님이 더 많이 와야 한다. 자발적인 광고를 통해 손님이 오게 하던가, 현재 오고 있는 손님이 새로운 손님을 이끌고 오도록 해야 한다.

"어, 언제 김밥집이 생겼어요?"
"이런 벌써 3개월 지났는데, 집이 머신가 봐요?"
"아니요. 저 근처 아파트에 사는데요."

손님들은 길거리의 식당이 언제 오픈했는지, 언제 문을 닫았는지 관심이 없다. 나와 연관된 사람이 하는 가게가 아닌지라 신경을 그런 곳까지 쓰고 살지 않는다. 바로 옆에 있었지만 수개월 동안 모르고 넘긴 경우가 허다하다. 지금 이 책을 읽는 독자 역시 '동네에 무슨 무슨 가게가 언제 오픈했는지 다 알고 있는가'에 자신 없음은 당연한 이야기다. 그래서 저관여 가게의 매출 증대 전략은 모르고 있음이 분명한 근처 고객에게 확실하게 내 가게를 알리는 방법이어야 한다.

고관여 식당은 기존 고객을 관리하라

반대로 일매출 100만원을 파는 고관여 식당에서 30만원을 더 팔고 싶다면 다른 선택을 해야 한다. 새로운 손님을 위한 노력과 비용은 더 이상 할 이유가 없다. 오직 현재 내 식당에 기꺼이 오고 있는 손님들에게 VIP로서 대접을 더 잘해주면 된다.

고관여 식당은 어느 하나만 괜찮아서 오는 곳이 아니다. '주차장이 편해서 온다' '규모가 커서 온다' '인테리어가 남달라 손님 모시기에 좋아서 온다' '그릇이 예뻐서 온다' '상차림이 번듯해서 온다' '확실하게 A급 재료를 쓰는 것처럼 여겨져서 온다' '서버가 예뻐서 온다' '직원들 유니폼이 깔끔해서 온다' '사장이 늘 웃는 인상이어서 온다' 등 무수한 장점과 각 손님들이 반응했던 소문이 이어져 먼 거리임에도, 다소 찾기 어려운 자리에 있어도, 한 번 오면 적지 않은 돈을 쓰고 가야 함에도 오는 것이다.

그렇다면 가게에 대한 정보가 전혀 없는 신규 고객들, 새로운 손님들에게 이 모든 것을 어떻게 알릴 것인가? 언제 다 일일이 설명할 것인가? 그렇게 하는 것이 올바른 일일까를 생각해야 한다.

우선 홍보가 너무 힘들다. 또 그렇게 한다고 해도 알려지고 새로운 손님이 인정하고 찾는 데까지는 시간이 많이 걸린다. 고관여 식당의 경우 가장 믿음직한 홍보는 이미 다녀간 사람의 평이다. 그것도 신뢰하는 사람이 내리는 평이 강하다.

예를 들어 고관여 고깃집(한우)의 경우 매출을 더 올리고 싶다면 각 손님을 지금보다 더 귀한 손님으로 대접하면 된다. 지금까지는 서버 한 명이 방 두세 개를 돌면서 고기를 구워주고 찬을 채워주고 응대를 했다면 앞으로는 서버 한 명이 방 하나만 전담해서 손님이 일어설 때까지 자리를 지키며 서비스해 주는 것을 선택하면 된다.

처음부터 끝까지 오직 고기를 맛있게 먹도록 익숙한 손놀림으로 차분하게 서버 한 명이 책임지고 배려해 주면서 "손님. 오늘 육사시미가 특별히 좋은데 추가 괜찮으실까요"라는 말에 "얼만데요?"라고 되물을 사람은 없다. 어차피 쓰려고 마음 먹고 들어온 식당이기 때문에 지나친 상술이 아니라는 판단이 든다면 5만원 등심 1인분을 추가하려 했어도 10만원 육사시미를 가져오라고 할 것이다. 그래야 자신도 체면이 서고, 내내 고기를 구워준 서버에 대한 보상도 될 것 같아서다.

이런 경험은 특히 일식집에서 빛을 발한다. 당연히 술과 함께 먹는 일식집에서 서버는 룸 하나를 책임진다. 가져온 음식을 먹기 좋게 손질하고 일일이 나누어 챙겨준다. 서버가 권하는 고급 술도 마다하지 않고, 주방장이 서비스로 내어 준 참치 머리구이가 기특해서 "뱃살로 제대로 한 접시 달라"고 한다.

 삼겹살을 다 먹어가는 손님에게 3천원짜리 소주 한 병을 서비스한다고 해서 9천원 삼겹살 1인분을 더 추가하지는 않는다(절대적으로 아니라는 뜻은 아니다). 그러나 한우를 다 먹어가는 손님에게 1만원짜리 복분자 한 병을 서비스하면 4만원짜리 육회 한 접시 추가는 어렵지 않다. 쓰려고 마음먹은 손님과 그렇지 않은 손님의 심리를 파악해서 서비스를 해야 한다. 그래야 당신이 원하는 매출 30%를 올리게 될 것이다.

상권분석이 필요 없는 가든식당의 비밀!

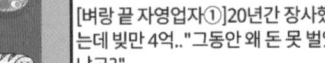

[벼랑 끝 자영업자①]20년간 장사했
는데 빚만 4억.."그동안 왜 돈 못 벌었
나고?"

오주연 입력 2017.04.04. 12:10 수정 2017.04.04. 13:58

⊙618

23년간 식당 외길 인생...지금도 대출 걱정
자영업은 살얼음판...사스·메르스 등 예상치 못
한 악재로 매출 곤두박질
식재료는 소비자價 45% 차지할만큼 오르고, 월
세는 1900만원인데 언제 돈 버나
"먹고 살고 있음에 감사...빚 없이 죽는 게 원"

"다신 자영업하고 싶지 않아요" 인사
동 와플 사장의 절규

박용준 입력 2017.04.02. 15:35 수정 2017.04.02. 20:45

⊙752

[뉴스토마토 박용준 기자] "쉬는 날 없이 매일 아
침 다섯시 반부터 7년간 일한 결과가 쫓겨나는
것이라니 받아들일 수 없습니다. 다시는 자영업
자 같은 건 하지 않을 거에요."

[인사동 5평 식당]
권리금 1억 7,500만원
월세 194만원 → 300만원

[여의도 100평 식당]
월세가 1,500만원
+ 해주는 것도 없이 관리비로 400만원

이런 곳이 아니어도 창업할 수 있습니다.
총 창업비용은 1억~1.5억이면 됩니다. 월세 당연히 싸고!
월세 싸지만 월 매출은 도심 못잖습니다.

아저씨는 더 이상 사진관을 하지 않고 당분간 쉴 예정이라고 하셨다. 남의 일 같지 않은 일이다 보니 불안함과 함께 섭섭한 표정을 짓던 이웃 가게 아주머니가 사진관을 카메라에 담는 나를 보더니 어디 가서 '망리단길'이란 말을 쓰지 말아 달라고 부탁하듯 말을 했다. 더 이상 사람들이 몰려오지 않았으면 좋겠다는 마음이 담겨있었다.

부동산 중개업을 하는 한 지인은 서울에서 이런 일은 일종의 유행처럼 일어나고 있다며, 다른 곳들이 그랬듯 2~3년이면 사람들이 물거품처럼 빠져 나갈 것이라고 한다. 3년이면 빠져나갈 물거품 때문에 30년이 넘게 정 붙이며 살아온 사람들이 동네를 떠나고 있다.

건물주 3년 벌어먹자고
30년 이웃을 버리는 겁니다.

나중에 깨닫습니다.
3년의 달콤함이
이후엔 공실이라는 것을
(손님이 떠난 거리에
월세 싸다고 들어올 리 없기에)

앞에 사례가 원래 번성한 상권
(여의도, 인사동)에서의 문제라면

망원동의 이 사례는 구도심이 뜨면서
원주민이 떠나야 하는 젠트리피케이션에 대한
이야기입니다.

색깔이 없는 동네에 힘들게 피땀으로
찾아올 가게를 만들어 놓으면

프랜차이즈가 들어오고
대기업군들이 들어와서 임대료를 올리고
건물주는 이때다 싶어 세를 올리고
결국 터전을 지키고, 가꾸던 사람들은
높은 월세를 감당하지 못해 떠납니다.

그들이 떠난 자리에는
색깔 없는 가게들만 남아
손님들이 다시 찾지 않게 되고
결국 그 상권은 몇 년 지나지 않아
원래보다 못한 쇠락의 길을 걷습니다.

그래서 저의 지론은 나가야 한다는 겁니다.
동네라면 외곽에서(절대 중심지에 끼이지 말고)
가능하다면 동네를 벗어나 걸어서는 올 수 없지만
드라이브 삼아 가깝게 나설 수 있는 그런 외곽(이후 가든형이라 합니다)에서
승부를 걸어야 한다는 겁니다.

나가서 차리면 다음이 좋습니다.
1) 경쟁자가 없습니다. 2000년 초반만 하더라도 식당은 모여 있어야 골라먹는 재미로 찾는 사람들이 많다고 강의했지만, 지금은 전혀 다른 이야기를 합니다.
   지금은 경쟁자가 없어야 이길 확률이 높습니다.
2) 경쟁자가 없으니 따라쟁이들이 없습니다. 도심에서는 눈에 빤히 보이니까 잘되는 집을 따라하지 않는 것이 더 힘들지만, 가든에서는 서로의 영역을 나름 인정하고 장사를 합니다.
3) 왜냐? 거리를 두고 있음에도 베낄 때 손님이 그걸 알아차린다면 더 큰 치명상을 입게 된다는 것을 본능적으로 알기 때문입니다.
4) 당연히 월세 쌉니다. 100만원 내외가 흔합니다. 비싸도 300~400만원입니다.
   혹 월세가 그 정도일 때는 시설비 투자가 없다거나, 주차장이 훌륭하다는 장점이 있습니다.
5) 권리금 당연히 없거나 적습니다. 외곽의 경우 거기선 망하는 와중에 들어올 사람을 가릴 여유가 없습니다. 누구라도 보러만 온다면 보증금이라도 건져야 다행이기 때문입니다.

중요한 것은 '어떻게 찾아낼까'입니다.

1) 어렵게 보지 마세요.
결정이 중요한 거니까, 보는 건 생각을 많이 담지 마세요.
차를 타고 다니면서 '임대'라고 현수막이 붙은 것을 살펴보세요.
신축 임대 또는 식당에서 항복하듯 붙인 임대 종이가 있습니다.
저는 그것 위주로 봅니다.

2) 포털 등에 '가든 매물'이라고 검색하세요.
꽤 다양한 가든 매물이 뜹니다. 대부분 가짜지만, 간혹 진짜도 있습니다.
설령 그 매물이 가짜여도 상관없습니다. 그런 가든 매물을 올린 부동산은
어쨌든 간에 가든을 취급한다는 뜻이니까요.
도심은 그래도 덜한데, 가든은 거리가 멀다 보니까 부동산이 장거리로 매물을
보여주면 사람이 좀 미안한 마음이 듭니다. 그래서 얼떨결에 계약을 하는 경우가
있는데 절대 그러면 안 됩니다. 부동산은 그게 일입니다.

3) 자전거 (오토바이) 동호회에게 "라이딩 하다가 어디서 주로 쉬는가?"
"다니면서 어떤 지점이 힘들어 거기에 식당 하나 있으면 하고 생각했나?"
이 방법 꽤 유용합니다. 의외의 장소를 추천 받을 수 있습니다.

4) 정보지 활용입니다.
가든은 권리금이 없거나 낮아서 부동산이 달려들 여지가 작습니다.
그래서 내놓는 사람도 직거래 방식을 선택하려는 경향이 있습니다.

가든은 어떤 조건이 좋은가?

1) 가장 필요한 것이 주차장입니다. 아무리 가게가 예쁘고 좋은 자리여도
주차를 할 수 없다면 꽝입니다. 걸어서 오지 못하는 손님을 받으면서
주차장이 없다는 것은 치명타입니다.

2) 주차장은 가게 평수에 따라 다르지만 최소 10대 이상은 확보해야 합니다.

3) 인근에 주차장으로 사용 가능한 도로나 땅이 있는지도 체크합니다.

4) 가든 식당의 합당한 평수는 업종에 따라 다르겠지만 보통 40~50평이
좋습니다. 30평 규모와 비슷한 인건비가 들어가지만, 30평은 작고, 그
이상이 되면 인력 고정비가 높아지기 때문에 그 평수가 가장 이상적 입니다.
주방 3명, 홀 2~3명이 그 평수를 커버한다고 볼 수 있습니다.

5) 가든도 역시 단층이 좋습니다. 만일 가든이 2~3층일 때, 내 식당이 장사가
잘되어 소문이 나면 위에 있는 서비스업, 판매업들도 덩달아 잘됩니다. 그럼
주차장을 갈라 써야 합니다. 그럼 정작 머무는 시간이 짧은 식당 손님들은
주차를 하지 못해 발길을 돌려야 하는 불상사도 생깁니다.

6) 간혹 단독 건물의 가든일 때 1층을 얻지 못한다면 2층도 해볼만 합니다.
물론 정말 얻어야 하는 자리가 2층인 경우입니다. 일부러는 아닙니다.

가든 월세 및 투자는?

- 포천의 샤브집 40평, 월세 250으로 출발 (신축)
- 수원의 삼겹살집 70평, 월세 400으로 출발 (신축)
- 파주의 우동집 30평, 월세 100으로 출발
- 파주의 닭국수집 50평, 월세 150으로 출발
- 창원 우동집 50평, 월세 180만원.
- 울산 수제비집 50평, 월세 70만원.
- 담양 돈가스집 50평, 월세 80만원.
- 경기도 아구집 80평, 월세 330만원 (인테리어 비용 500만원)

월세는 딱히 얼마가 정답이라고 할 수는 없습니다.
그 가치는 저마다 다르니까요.
신축인 경우 시설투자가 반드시 이뤄지니까 그 비용이 많이 들지만
그래도 권리금 없고, 보증금이 3,000~5,000만원 사이니까 1억원 초반이면
멋진 식당을 만들 수 있습니다.

기존 식당을 무권리 인수해서 다 털고 하는 경우도 있고
일부만 손대어 하는 경우 상대적으로 비용은 적게 들어갑니다.

어쨌든 가든은 도심에서 식당 차리는 것과 비교해 절반이라고 보면 됩니다.

가든의 문제점

당연히, 지당하게……. 인력 구인입니다.
아무래도 멀기 때문에 사람 구하기가 쉽지 않습니다.
(하지만 도심이라고 쉽지도 않습니다)

투자비가 적게 든 만큼 인건비를 더 주면 그것도 고민에서 벗어납니다.
권리금 주는 액수에 비하면 인건비 한달 100만원씩 더 쓴다고 해도
1년에 1,200만원입니다.
도심에서 사람 구하기 힘들거나, 가든이나 마찬가지입니다.
그리고 일하는 사람이 오기 싫어할 정도의 구석진 자리까지 가진 않습니다.

인센티브
- 일매출에 따라 그날그날 인센티브를 주는 방식
- 월매출 달성시 1회 인센티브를 주는 방식(일반적 방식)
  단, 목표 매출은 불가능한 것이 아니라 가능할 때 효과적입니다. 누가 봐도
  불가능한 목표치를 놓고, 달성하면 많이 준다고 해본들 사람꼴만 우스워집니다.
  그런 잔재주는 안통합니다.
- 내 목표수익을 초과하면 모두 나눠주는 방식

제4장

저관여를 고관여로
바꾸는 원가의 비밀

자본이 부족해 저관여를
선택하는 것은 좋다.
그러나 상품까지 너덜너덜해서는 안 된다.
당장은 힘에 부쳐도 손님이 인정할
가치를 만들어야 한다.
그게 자신이 없다면 한 가지뿐이다.
그냥 뜨내기 손님이 많은
최고의 상권에 목돈을 투자하여
가게를 오픈하는 것뿐이다.
그도 어렵다면 '나만의 상차림'을 완성하라.
이 책은 그것을 알려주고 있다.

01

떡라면, 저관여를
고관여로 바꾸는 노하우

사람들에게 물어보면 떡라면보다는 일반 라면을 더 많이 사먹는다고 한다. 마찬가지로 중식당에 가면 삼선짬뽕은 누가 사주거나 회사 돈으로 먹는 경우에나 주문하지, 제 돈 내고 먹는 경우에는 백발백중 일반 짬뽕을 먹는다고 한다. 왜 그럴까?

그것이 진심이든 진실이든 그 자체가 중요한 것은 아니다. 평범한 저관여를 고관여 음식으로 바꾸는 것에 아주 적합한 설명이기에 1장에서부터 끄집어내는 것이다. 여기까지 책을 읽은 독자라면 이제 라면이 저관여이고, 짬뽕도 저관여 음식이라는 것을 잘 알 것이다. 누구나 만들어 먹고, 공급자가 넘쳐나고, 가격도 걱정할 만큼 비싸지 않기 때문에 누가 뭐라고 해도 이 두 가지 메뉴는 저관여임이 분명하다.

그 평범한 저관여 음식을 희소성 있는 고관여 음식(그렇게 파는 곳이 흔치 않아서 일부러 찾아가야만 하는 희소성)으로 바꾸는 방법은 때론 간단하다. 바로 원가의 개념을 파괴함으로써 쉽게 얻어낼 수 있다. 정말 간단하다. 지금 당장 당신의 메뉴에 적용해 보아도 좋다. 그 음식을 먹은 손님들이 지난 수개월, 수년 동안 단 한 번도 하지 않은 멘트를 하는 것을 경험하게 될 것이다. 바로 "사장님. 이렇게 주고도 남으세요?"라는 그 멘트를 말이다.

저관여 음식을 고관여 음식으로 바꾸는 방법

라면이 3천원이면 떡라면은 500원 정도 비싸다. 겨우 500원이 비싼데 사람들은 그 500원을 뛰어 넘으려고 하지 않는다. 아무 생각없이 들어왔으니까 3천원이야 버리는 셈치고 쓰지만, 그 이상은 방어하고 싶다는 굳은 의지를 보여준다. 저관여 소비자는 언제나 이렇다. 문턱은 쉽게 넘지만 정작 주머니를 여는 데는 아주 궁색하다.

　혹시 여러분은 떡라면에 들어간 떡의 개수를 세어본 경험이 있는가? 여남은 개의 떡이 들어가 있을 뿐이다. 그렇다보니 이러한 몇 개의 떡 조각 때문에 500원을 추가할 생각은 전혀 들지 않는다. 구워진 가래떡 한 개가 500원이라는 것도 알고 그조차도 판매자의 마진이 붙은 가격이라는 것을 알고 있는데, 그것의 반 정도도 못되는 양을 넣은 떡라면을 500원 눈탱이 맞으며 먹을 수는 없는 일이다. 그래서 먹지 않는다. 대부분의 손님들은 먹지 않을 것이다.

여기서 생각을 달리하면 떡라면도 결국 라면이라는 사실을 깨달을 수 있다. 떡라면을 팔기 위해 식당을 차린 것이 아니라 라면을 팔기 위해 식당을 차렸는데 메뉴를 다양하게 하기 위해 떡을 넣어 판다고 생각하면 아주 무난한 결정에 도달할 수 있다.

철수네 분식은 3천원에 라면을 팔아서 1,500원을 남긴다고 치자. 광열비, 인건비, 반찬값은 여기에 넣지 말고 그냥 생각해 보자. 마진을 설명하기 위한 자리가 아니라, 지금까지 당신이 고루하게 고집해온 생각을 바꾸는 데 필요한 이야기이기 때문이다. 그런데 라면은 어디서나 팔기 때문에 생각만큼 팔리지 않음을 몸소 경험했다. 그래서 우연히('우연히'라고 가정해 보자. 방송에 나온 대박집처럼 말이다) 떡을 넣어서 팔았는데 손님이 좋아함을 확인했다. 떡 20조각을 넣어주니까 그릇이 수북해졌다. 그 원가를 살펴보니 떡값 500원어치가 들어갔을 뿐이다. 그래서 무심코 3,500원이라는 가격표를 표시했을 뿐이다. 그랬더니 손님이 줄을 서고 있었다(실제 이런 식당은 아주 많다. 추가 가격을 포기하고 줄 때 손님들은 반응한다).

예전에는 3천원짜리 라면을 하루에 겨우 50그릇 팔았다. 그런데 500원의 재료비를 100% 넣고 양이 충분한 떡라면을 파니까 이제는 아무도 일반 라면을 먹지 않는다. 대신 떡라면을 평균 100그릇 이상 팔아치우고, 바쁜 날은 200그릇도 팔 수 있었다. 이게 바로 원가의 함정에서 빠져나올 때 겪을 수 있는 현실이다. 남들은 떡라면 3,500원에서 마진 1,800원(떡에서도 마진 300원을 남기는 것은 당연하다)이 남는다고 한다. 그러면서 떡라면을 팔아도 겨우 1,500원 마진밖에 남지 않는 철수네 분식을 보고 손가락질을 한다. 장사의 '장'자도 모른다고! 그렇게 비웃는 다수의 경쟁자들은 역시나 떡라면은 가뭄에 콩 나듯이 팔 뿐이고, 그냥 일반 라면만 50~60그릇을 팔고 운수 좋은 날은 100그릇을 판다.

그러나 철수네 분식은 매일매일 떡라면 100그릇 이상을 팔고, 그 평균치는 시간이 지나면서 120개가 되고 150개가 되곤 한다. 내 스스로 가게에 손님이 늘어나는 현상을 몸으로 느끼기에 내일이 즐겁고 기대된다. 그깟 라면은 어디서 먹어도 무슨 상관이냐는 손님들이 떡라면 이야기만 나오면 "떡라면만큼은 여기 철수네 분식에서 먹어야 한다"고 서로에게 홍보하고, 시식의 기쁨을 만끽한다. 바로 이런 것이 아무것도 아닌 원가의 늪에서 나왔을 때 누구나 맛볼 수 있는 열매다. 500원의 떡을 몽땅 넣어주는 곳은 오직 철수네 분식뿐이므로 공급자의 측면에서 희소성을 확보한 고관여가 되는 것이다.

이 말은 짬뽕과 삼선짬뽕에도 그대로 적용된다. 짬뽕이 5천원이면 삼선짬뽕은 2천원 정도가 비싸다. 짬뽕 5천원이야 넘어선 문턱이니까 먹기는 먹지만, 2천원 재료비가 분명히 아님이 확실한 삼선짬뽕을 위해 2천원을 더 투자하기는 꺼려진다. 그래서 어딜 가나 비슷한 양과 맛의 짬뽕을 먹을 뿐이고 조금만 인상적인 재료를 보여주는 식당에는 문전성시를 이루는 것이다.

삼선짬뽕을 팔아 해산물의 마진을 보겠다는 생각은 집에 두어도 좋다. 짬뽕으로 승부해야 하는 입장이라면 다른 중국집이 하지 못하는 짬뽕으로 손님과 만나야 하는데, 그냥 짬뽕으로는 이것이 쉽지 않다. 아무리 필자가 원가의 허무한 개념을 버리라고 해도 5천원 짬뽕을 팔아서 가게도 유지하고, 인건비도 주고, 생활비도 벌어야 하기 때문에 막무가내 퍼주라는 말은 할 수가 없다. 그리고 그것은 사실 어렵다. 같은 가격을 가지고 남과 다른 맛을 내기란 말이다. 하지만 다행히 삼선짬뽕, 해물짬뽕, 홍합짬뽕이라는 고급화 메뉴를 통해 나만 만들어내는 고관여 음식으로의 변신은 가능해질 수 있다.

역시나 어렵지 않다. 떡라면에서 떡을 원가 그대로 넣어주듯이 삼선짬뽕에는 해물의 원가 100%를 넣어서 선보이는 것으로 그만이다. 그 자체로 "이렇게 주고 남아요?" 소리를 듣는 것은 어렵지 않다. 삼선짬뽕의 마진도 일반 짬뽕의 마진과 같다는 발상은 깨달은 사람만이 할 수 있다. 경쟁자는 알고도 따라하지 않는다. 이 책을 봐도 열에 하나 정도가 실천할 것이 분명하다. 나머지는 "나는 그렇게까지 하고 싶지는 않다. 물가가 얼마나 올랐고, 임대료는 해마다 오르고, 인건비는 또 얼마나 오르는데, 참 철없는 소리를 한다"고 할 것이 분명하다. 괜찮다. 그래야 한다. 그래야 나 같은 컨설팅이 밥벌이인 사람들이 정말 벼랑 끝에 몰린 가게를 놓고 훈수를 두고 돈을 받을 수 있기 때문이다.

다시 한 번 강조한다. 평범한 저관여 음식을 고관여 음식으로 바꾸는 방법은 떡라면의 떡에서 마진을 보지 않고, 삼선짜장의 해물에서 마진을 보지 않는 것처럼 원가의 개념을 파괴함으로써 쉽게 얻어낼 수 있다.

02

50% 할인보다
200% 재료비로 승부하라

고깃집에서 시행한 통 큰 할인전략이 얼마나 무모하고, 가치 없고, 비생산적이고, 주고도 욕먹는 결과를 가져 오는지 설명하고 싶다. 관여도를 이해했다면 분명히 그와 같은 실수를 하지 않았을 것이고, 혹여라도 그런 마케팅을 회심의 결정타인 것처럼 준비하는 독자가 있다면 지금 이 책을 구입한 것을 감사하게 될 것이다. 감사 정도를 넘어 가슴을 쓸어담을 것이다.

고깃집에서도 점심을 판다. 월세를 반만 내지는 않을테니까 아침은 버거워도 점심과 저녁 장사는 해야 할 것이다. 고깃집에서 점심에 뭘 파는 것이 좋은지는 설명하지 않겠다. 지금은 관여도를 숙지한 후에 누구나 할 수밖에 없는 저관여 상품을 고관여로 만드는 사례를 경험하는 시간이기 때문이다.

50% 할인의 함정

소고기를 파는 1, 2층 150여평의 대형 식당이 있다. 내부는 들여다보지 않았지만, 일단 규모만 보더라도 충분히 고관여를 팔기에 멋진 외관과 웅장함을 가지고 있었다. 그러나 멋진 4번 타자의 부재이거나 아니면 상권과 어울리지 않는 가격대일텐데, 어쨌든 그 넓은 주차장은 대체로 한가한 편이었다.

어느날 대형 현수막이 붙었다. '점심 특선 전 메뉴 50% 할인' 그리고 무려 8가지에 달하는 점심식사 메뉴를 정상가격과 할인가격으로 표시한 대형 현수막이었다. 육회비빔밥은 8천원에서 4천원으로, 육개장 6천원은 3천원으로, 냉면도 6천원이 3천원으로, 김치찌개는 겨우 2,500원이었다(건너편 10평의 구멍가게형 기사식당의 음식 가격과 같거나 더 싸기도 했다. 그 큰 식당을 차릴 때는 분명 그럴 의도는 아니었을 것이다).

사람은 자기에게 이로운 것을 본능적으로 알아차리고, 그리고 적극적으로 이용한다. 점심시간이면 서로 들어가기 위해 장사진을 치는 모습이 심심찮았고, 긴 줄을 이기지 못한 사람들이 주변 식당에 들어가는 것을 확인할 수 있었다. 사장님의 얼굴이 어떤 표정이었나는 보지 못했지만 내심 흡족했으리라고 믿는다. 자기가 바라던 대로 긴 줄이 생겼으니 말이다.

그러나 필자가 볼 때 좋은 방법은 아니었다. 나중에 가격 회복을 어떤 식으로 하려고 하는 것일까? 점심과 저녁의 벌어진 간극을 어떻게 메우려고 저 일을 벌이는 것일까? 걱정스러웠다. 아니나 다를까 결론부터 말하면 그 대형 고깃집은 50% 가격 할인 이벤트 끝에 결국 문을 닫고 말았고, 그 자리는 횟집으로 바뀜을 목격할 수 있었다.

도대체 어째서 그런 일이 일어난 것일까? 그처럼 점심에 긴 줄을 섰던 손님들은 어떤 영향을 끼쳤던 것일까? 이익 논리에 입각해서 아주 간단하게 생각해 보자.

8천원 육회비빔밥의 원가가 3천원이라고 치자. 대부분 식당은 30~35%를 원가로 잡으니까 말이다. 3천원의 원가가 들어간 비빔밥을 4천원에 팔면 겨우 1천원이 남는다. 손님에게는 정말 환상적인 가격이다. 알고서도 가지 않으면 이상한 사람일 것이다. 그런데 손님은 공급자에게 그렇게 팔라고 주문하지 않았다. 자기가 자발적으로, 궁여지책으로 그렇게 한 것이다. 그러니까 4천원 육회비빔밥은 먹으러 가겠는데, 저녁에 비싼 소고기는 먹기 싫고 먹는다 쳐도 자신이 잘 아는 식당으로 가게 될 것이다. 점심에 싸게 먹었으니 저녁에는 비싸더라도 팔아줘야지 하는 손님이 있을리 만무하다.

이 상황이 벌어지니까 공급자인 고깃집 주인은 '어~~ 내 예상과는 달리 점심에만 오고, 저녁은 늘 한가하네. 이거 나만 골탕 먹은 꼴이네. 그럼 나도 같이 머리를 써야지'라고 생각하고 육회비빔밥의 원가를 2천원으로 낮추게 된다. 그래도 4천원 판매가에 비하면 50%나 넣어주었다고 당당할 것이 분명하다.

문제는 이제부터다. 손님은 귀신같이 알아차린다. 자신이 먹지 않았던 반찬일지라도 나중에 그것이 나오지 않으면 '반찬이 확 줄었다'고 느끼는 것이 손님들이다. 50% 점심을 고맙게 먹던 사람들이 공급자의 잔머리를 이내 눈치채게 된다.

- 재료가 가격만큼 이제 줄었구나.
- 그럼 3천원이던, 4천원이던 가격 메리트는 없어진 셈이구나.
- 이렇게 궁상맞게(재료가 허술한) 먹을 바엔 제값 주고 먹으러 가자.

환상적인 가격은 육회비빔밥의 원가가 3천원이고, 판매가가 4천원일 때 빛이 난다. 거기서 재료비를 덜어내면 이제 그냥 흔하지는 않지만 4천원짜리 육회비빔밥을 파는 집이 되는 것뿐이다. 4천원밖에 안하는 음식이 아니라 그냥 딱 4천원짜리에 불과한 음식으로 보여지게 되는 것이다. 그냥 딱 4천원짜리 저관여 음식이 되는 것이다. 먹어도 그만, 안 먹어도 그만인 저관여 음식으로 승부해서는 돌파구를 삼을 수 없다.

원재료비 200%의 비밀

필자라면 이런 상황을 이렇게 돌파한다. 육회비빔밥을 포함하여 모든 점심 메뉴의 가격은 그대로 놔둔다. 절대 건들지 않는다. 건드리면 나중에 정상가격으로 가는 것이 불가능함을 알기 때문이다. 조금 더디더라도, 반응이 좀 늦더라도 훨씬 더 관여도가 높은 식당으로 만들어내야 한다.

육회비빔밥을 4천원에 팔려던 마음만 있으면 된다. 4천원을 포기하고 1천원 마진을 보자고 결심하려던 마음이라면 재료비 3천원의 2배를 넣는다. 그래서 재료비가 무려 6천원(판매가는 8천원인)인 육회비빔밥을 공급하는 것이다.

필자가 단언하건데 3천원짜리, 4천원짜리 음식은 흔하다. 그냥 제대로 된 식사가 아니라 끼니를 때우는 5일장 같은 곳의 음식이라면 그 가격이 당연하다. 그러나 8천원짜리 음식에 원가가 6천원이나 들어간 곳은 본 기억이 없을 것이다. 그렇게 팔리는 만무하기 때문이다.

돌파구를 삼기 위해 50% 할인 마케팅을 떠올리지 말자. 그 마음을 원가에 보태어 버리자. 그럼 엄청 강한 음식이 된다. 그렇게 주는 공급자는 전혀 없기 때문에 찾아가야만 먹을 수 있는 고관여가 된다. 찾아갈만한 가치가 있는 고관여 식당이 되는 것이다.

첫째, 사람들은 정말 깜짝 놀란다. 6천원 재료비가 들어간 육회비 빔밥을 겨우 8천원, 그 8천원이 비싼 것도 아니고 남들과 같은 가격이라는 것을 잘 알고 있기 때문에 더더욱 놀란다. 그렇게 주는 집을 발견한 것에 감사하게 된다.

둘째, 공급자인 고깃집은 4천원에 팔아 1천원 이익을 남기는 것보다 더 많은 2천원의 이익을 남기게 된다. 손님들도 한결같이 "이렇게 주고도 남으세요?" 걱정하고 간다. 4천원을 받을 때는 그런 염려와 걱정의 소리가 없었다. 잘 먹으면서도 속으로 '쌀 때는 뭔가 이유가 있을 것'이라고 생각하는 고약한 습관 때문이다.

셋째, 점심을 50% 할인하면 안 그래도 비싼 저녁의 소고기 가격과의 차이가 커진다. 예를 들면 소갈비살 1만 5천원과 점심 4천원과는 무려 1만 1천원의 갭이 있다. 그러나 가격을 그대로 유지하면 7천원의 차이밖에는 없고, 8천원짜리를 아주 제대로 먹었기 때문에 1만 5천원에 대한 소갈비살 가격도 신뢰쪽에 가깝게 된다.

퍼주는 것이 능사는 아니다. 저관여를 고관여로 만들 어낼 줄을 알아야 한다. 가격이 싸더라도 그만한 가격 에 이만큼 먹을 수 있는 곳은 여기뿐이라는 것을 알도록 장치하고 연출하고 포장해야 한다.

03

원가를 포기하고
술로 승부한다

여기에서는 손님의 지불가격에서 점주가 취해야 할 부분을 명확히 함으로써 원가의 무거움에서 해방된 사례를 하나 살펴보자. 정말로 원가의 비밀은 이런 식으로도 해갈될 수 있다는 점에서 필자 역시도 놀라웠다.

모 지방도시에 한 횟집이 있다. 30평도 안 되는 작은 횟집으로 출발해 지금은 맞은편 가게(70평)를 인수해 본점과 별관식으로 운영을 하고 있었다. 사실 이 횟집은 맛으로 특별한 것은 없었다. 반대로 이 횟집은 상식적인 것도 없었다.

횟값은 2~3만원대로 흔한 회센터의 가격이었다. 다수의 내륙지방의 횟집들이 다양한 가격대로 단가를 올리려는 욕심에 비해 가격은 무리하게 책정하지 않았다. 회를 주문하자 스끼다시를 내어주는

데 회 스끼다시에 민속주점에 온 것처럼 두부김치가 나왔다. 바다를 연상케 하는 반찬도 더러 있지만, 그냥 술 한 잔 하기에 좋은 반찬 위주로 상이 가득했다. 적지 않은 반찬을 깔아주었지만 회에 어울리는 상차림은 분명히 아니었다. 그런 일반적인 상식은 없었다.

'그다지 특별할 것도 없는 이 스끼다시로 이렇게 성업하는 것이 의아하다'고 생각할 무렵 이 집의 18번인 안주가 나왔다. 바로 삼계탕이었다. 아주 작은 뚝배기에 담겨진 삼계탕이 스끼다시로 나온 것이다. 그러면서 점주가 멘트를 날린다.

"삼계탕은 무한리필입니다. 원하실 때까지 주문하셔도 서비스됩니다."

손님들이 이 식당에서 얻어가는 것이 바로 이것이었다. 작은 양(병아리보다 조금 큰)이기 때문에 우리가 식당에서 제값을 주고 먹어야 하는 1만원 삼계탕에는 근처에도 못 간다. 그러나 안의 내용물을 하나씩 들춰보면 찹쌀에, 작은 수삼 뿌리에, 대추 두 알 등 삼계탕이라면 들어갔어야 할 내용물들이 형식은 갖춰서 들어가 있었다.

내용물 구성은 같고, 양이 작으니까 얼핏 계산하는 값으로 5천원을 매긴다(여기서 알아야 할 것이 바로 손님의 본인 위주의 계산법이다. 손님은 항시 계산을 한다. 하지 않는 것 같아도 마음속으로, 눈으로 자신이 치루는 값보다 주문한 음식이 싼지 비싼지를 판단하는 능력이 비상하다. 그 까닭은 무수한 경험으로 다져진 현실 내공이라는 점 때문이다. 하루에 한 끼의 외식이라도 1년이면 200회 이상의 외식 경험을 쌓게 된다. 이런 내공이 손님에게는 모두 존재한다. 따라서 식당 점주들은 그 경험치를 두려워해야 한다). 필자도 마찬가지였다. 정말 박하게 값을 매겨도 4천원은 되지 싶었다. 그 정도는 주어도 아깝지 않을 음식이었다.

손님의 계산은 이런 식이다. 25,000원짜리 회를 주문하고, 삼계탕을 두 번만 리필해도 1만원의 값을 치룬 것이다. 그러면 회는 겨우 15,000원이라는 뜻이다. 15,000원에 회와 안주를 이처럼 많이 먹을 수 있는 곳은 없다는 결론이고, 술과 함께 마시는 음식으로는 아주 착한 가격이었다.

점주에게 물었다.

"어떻게 스끼다시를 이런 식으로 구성할 생각을 하셨나요?"

"제가 별다른 재주가 없으니, 줄만한 안주거리로 줘보자는 생각이었습니다."

"그럼 삼계탕을 무한리필하는 까닭은요? 재료비도 만만치 않을텐데 말입니다."

"열이면 한둘은 작정하고 삼계탕을 리필해먹기 위해 옵니다. 저도 압니다. 그렇다고 고기뷔페에서처럼 '씨름부는 회식 금지'라고 쓸 수 있나요? 대부분의 손님은 삼계탕을 시킬 때 소주 한 병을 필히 주문합니다. 미안해서라도 말이죠."

그래서 점주는 술값만 자신의 이익으로 생각한다고 했다. 음식을 팔아 남게 되는 이익은 가게 유지비와 인건비에 전량 투자할 뿐이라고 했다. 그러니까 후한 음식으로 원가가 높아져도 연연하지 않는 것이고, 오로지 손님 만족, 가치 만족에 집중하게 되더라는 이야기였다.

삼계탕에 들어가는 재료비만도 2천원이 족히 든다고 한다. 그러나 소주 한 병으로 얻어지는 단순한 이익에 비하면 절대 손해 보는 장사는 아니라는 말을 거든다. 필자가 처음 들른 날 만석인 내부를 부러

위하자 "밖에 줄도 길게 서지 않았는데 뭘 그리 놀랍니까?" 오히려 면박을 들을 만큼 손님들은 자신들에게 이로운 식당으로 발걸음을 결정하는 것이다.

놀랍게도 두 개의 식당 100평에서 팔아치우는 소주 박스(맥주, 막걸리 포함)가 하루 20짝이었다. 병으로는 대략 600병, 값으로는 180만원에 다다른다. 주류 원가를 제하면 100만원 정도가 이익으로 남는데, 한 달이면 3천만원의 주류 이익이 발생하는 것이다. 음식에 투입되는 재료원가가 50~60%라고 해도 월세와 인건비를 주기에는 전혀 부족함이 없다는 손익계산서를 필자에게 보여주었다. 주류만큼 이익이 명확한 것도 없다. 받아서 팔 뿐이기 때문이다. 파동이 있는 것도 아니고, 공급자의 횡포에 휘둘림을 당하는 것도 아니기 때문이다.

그런 사실을 해당 횟집의 주인은 인지한 것이다. 어차피 회라는 음식이 밥에 가깝기보다는 술안주에 가까운 음식이니까 술로 승부해야 한다는 사실을 깨달은 것이다. 그리고 좋은 안주, 푸짐한 안주로 술 한 병 더 팔 수 있도록 가게의 이익과 손님의 만족을 동시에 해결하는 키워드를 만들어 낸 것이다.

"소주를 공짜로 줍니다. 천원만 받습니다"는 흔하다. 그것이 파괴력이 있는 것 같지만 실제는 그렇지 않다. 식당이 아닌 슈퍼에서 사면 1천원 가격은 당연한 것이기 때문이다. 손님들이 자신들에게 이로운 가격이라고 생각해야 하는데 일행 중에서 누군가가 "야. 슈퍼에서도 천원에 팔아. 그리고 이걸 이렇게 줄 때는 뭔가 이유가 있는 게 아니겠어? 이 안주에서 재료를 그만큼 덜 수도 있단 말이야"라고 내부를 들여다 본 것처럼 좌중을 휘어잡는다면 가게는 대항할 말이 없다.

주류는 약간의 보관장소와 보관을 위한 번거로움만 감내하면 숙련된 노동력이 필요한 것도 아니고, 재료비를 따로 들여야 하는 것도 아니다. 그런데도 불구하고 술에 대한 집중력을 잃고 있는 술집(횟집, 삼겹살집 등)을 보게 되면 한숨만 나올 뿐이다.

 대부분의 장사꾼은 1인분, 한 그릇을 팔아 남는 이익을 생각한다. 더 주게 되면 내 것이 덜 남게 된다는 생각에서 헤어나기 힘든 것이 사실이기도 하다. 필자도 가게를 할 때 손님이 건들지 않은 반찬을 보면서 마음의 동요를 느끼기도 했다.

그러나 장사는 결국 볼륨이다. 그 볼륨을 위해 마진을 어디에서 취할 것인가를 생각하는 특별한 점주도 있다. 그것이 어려운 결정과 실행일까? 지금 이 글을 읽는 점주라면, 현실의 녹록한 벽을 깨닫는 점주라면 손쉽게 해결책을 짤 수 있을지 모른다.

04

한정식에서 배우는 원가의 비밀

이번에는 한정식이라는 아이템을 통해 원가의 비밀을 살펴보자. 월매출 1천만 원도 안 되는 설렁탕 가게(80평)를 석 달만에 6천만원으로 끌어 올리고, 월매출 2천만원도 안 되는 칼국수 가게(70평)를 5천만원대의 가게로 만들고, 권리금 2천만원에 팔고 나간 120평 한정식을 인수하여 동일한 한정식으로 월매출 1억 3천만원대를 만든 그 비밀을 말이다.

한정식은 고가의 아이템이다. 식사 메뉴를 정할 때 지나가는 소리로 "한정식 어때?"라고 말하지 않는다. 또 한정식은 공급자가 적은 아이템이다. 창업자 역시도 "할 것 마땅치 않은데 한정식집이나 차릴까?"라고 하지 않는다. 한정식은 규모가 있어야 한다는 생각을 갖고 있고, 한정식은 회전율보다는 객단가로 승부해야 한다는 논리에 빠져있기 때문이다.

장사는 볼륨 싸움이다. 단가 3만원의 한정식을 팔아서 200만원이라고 해봐야 겨우 70명이 왔을 뿐이다. 매출로는 웃을 수 있지만, 그 정도의 손님 수라면 경쟁자의 등장으로 이탈할 여지가 많은 적은 숫자에 불과하다. 그래서 불안하다. 그래서 안심해서는 안 된다. 장사는 결국 볼륨 싸움이기 때문이다.

볼륨이란 찾는 손님의 수를 말한다. 분위기와 시설만으로 원가 1만원을 들여서 3만원짜리 음식을 만드는 것은 경쟁력이랄 수 없다. 그것은 오직 시설의 힘, 규모의 힘일 뿐이다. 그것은 더 큰 경쟁자의 등장으로 위기를 맞을 수 있다.

손님의 볼륨은 가치에서 출발한다. "이렇게 주고도 남아?" "아니, 이 가격에 이렇게 세팅이 가능한거야?" 이런 반응이 나오면 손님은 몰린다. 규모가 다른 곳보다 작더라도, 세련된 식당보다 시설이 남루하더라도 말이다. 손님이 식당에서 진심으로 원하는 것이 바로 '가격 대비 만족도'이기 때문이다.

볼륨을 늘려 원가를 줄인다

한정식 ○○은 점심 특선을 판다. 물론 다른 한정식도 15,000원 정도의 가격으로 점심 특선을 판다. 그러나 이곳은 9,900원의 한정식을 판다. 만원짜리 한 장으로 먹을 수 있는 한정식을 파는 것이다. 실제로 우리 주변에는 1만원 한정식이 널려있다. 흔하다. 그러나 말 그대로 1만원짜리, 1만원답게 만든 음식일 뿐이다. 대부분의 1만원짜리 한정식은 고급 백반일 뿐이다. 반찬 위주의 상차림으로 가짓수를 늘려놓기는 했지만, 괜찮은 백반집보다 가게가 크고 시설이 좋은 정도에 속한다. 그러다보니 손님은 '그냥 먹을만한 한식집'이라고 한다. '정'자가 빠진 채 말하는 것이다.

그런데 ○○의 9,900원짜리 한정식은 13가지 요리에, 밥도 대통밥에 모둠나물을 근사하게 차려준다. 손님 열이면 아홉은 "이렇게 주고도 남아요?"라고 입을 쩍 벌린다.

실제 ○○의 9,900원 한정식의 원가는 50%를 약간 상회한다. 여기서 원가의 비밀을 찾아보자. 한정식 ○○의 대부분 가맹점들은 점심을 일찍 시작한다. 워낙 손님이 많으니까 12시에 가서는 기다려야 한다. 그래서 손님들이 일찍 오거나 1시가 지나서 온다. 이러다보니 이곳의 점심시간은 평균 11시 30분에서 3시까지다. 3회전 가까운 손님의 볼륨을 만들어낸 것이다. 테이블 20개 정도로 점심 매출만 200만원을 넘긴다. 점심에만 200명이 넘는 손님이 오는 것이다. 이것이 '퍼주었더니 오더라'라는 원가의 공식이다.

저녁과 주말에는 물론 가격이 다르다. 15,000원부터 시작한다. 평일 점심 5일이 싸니까 나머지 시간에도 싸야 한다고 생각지는 않는다. 사실 평일 저녁과 주말 한정식 가격이 15,000원이라도 이것 역시 싼 것이 분명하기 때문이다.

워낙 점심 손님의 볼륨이 높으니까 원가는 줄어든다. 50%를 상회하는 기본 원가가 40%대로 떨어진다. 여기에 저녁의 고단가 한정식과 주말의 가격을 보태면 실제 한정식 ○○의 원가는 38%라고 한다.

대단한 수치다. 한정식으로 원가의 수준을 40% 아래로 떨군 것이다. 그것도 '이렇게 주고도 남아' 소리를 들으면서 말이다. 평일 점심 200만원, 평일 저녁 100만원, 주말 이틀은 무려 500~600만원씩을 판다. 이러니 월 매출액 1억원을 넘기기는 어렵지 않다.

한정식은 블루오션이다. 쉽게 경쟁자가 나서지 않는다. 그래서 한정식 ○○이 강하다는 뜻은 아니다. 이들이 몸소 보여준 원가의 가치는 그 어떤 식당에서도 모두 접목이 된다는 뜻이다.

고객의 마음을 움직이는 포인트를 잡는다

방이동에 한 평범한 칼국수집이 있다. 업종을 바꾸면서 필자에게 강한 칼국수집을 만들어 달라고 했다. 그것은 간단하다.

첫째, 재료비를 높인다.

둘째, 의미 없이 많이 주는 것이 아니라 포인트를 잡아 제대로 준다.

이 두 가지 방법으로 업종 변경 전의 매출을 뛰어 넘었다. 그렇게 손님의 볼륨 맛을 본 점주는 특정한 날을 잡아 아줌마끼리의 손님에게는 전 메뉴를 50% 할인하고, 생일을 맞은 손님이 있는 테이블은 칼국수 가격을 4,400원에 준다는 프로모션을 시작했다(정상가격은 6,500원).

칼국수집의 약점 시간인 저녁에 찜이나 탕을 주문하면 '소주 2병 공짜'는 기본이다. 덕분에 매출은 점점 상승 중이다. 당연히 손님의 볼륨은 확연히 달라지고 있다.

고기값이 오르고 야채값도 오른다. 늘 입으로는 장사를 안하는 게 돈을 버는 길이라고 한다. 그러나 누군가는(돈을 버는, 손님의 볼륨을 이때가 기회라 여기고 늘리는) 예전과 다름없이 장사를 한다. 점주의 마진을 포기하고, 가게 유지라는 생존권만 해결한다는 마음으로 예전과 다름없이 장사를 한다. 분명히 그렇게 한다. 그래서 경쟁자를 약은 장사를 하는 사람으로 만들어 버린다. 대인의 장사로 자신을 포장한다. 손님과의 신뢰를 이때 돈독하게 쌓는다.

모두가 다 이기는 장사를 할 수는 없다. 지는 사람이 있어야 이기는 사람이 가치 있고, 새로운 이김을 위한 도전자가 나오게 된다. 가게가 망하지 않으면 자꾸 늘어나기만 할 것이고, 대한민국은 모두가 자영업자인 그런 세상이 될 것이다. 그럴 수야 없는 일 아닌가?

05
단품 가격과
객단가의 비밀

가게가 작다는 것은 비싼 음식을 팔지 못한다는 뜻과 같다. 비싼 값을 치루겠다면 대개는 큰 식당에서 소비를 한다. 그래서 작은 가게는 가격이 싼 저관여 제품을 팔아야 한다.

　12평 초밥집이 있다. 초밥의 개당 단가는 불과 1천원이다. 초밥 3개가 라면 한 그릇 가격과 같다면 비싼 것이 분명하지만, 초밥 그 자체로 놓고 보면 비싸지는 않다. 특히나 이 집이 일식집의 초밥처럼 상품력이 우수하다면 더더욱 싸게 여긴다. 밥과 생선회의 길이가 같은 냉동초밥이 개당 400~500원 꼴이니까 일견 비싼 것은 사실이지만, 실제는 상품 가치로 뛰어넘을 수 있다. 그래서 손님들은 '일식집을 가지 않고도 질 좋고 싼 초밥을 먹을 수 있는 곳'으로 추천하고 재방문을 마다하지 않는다.

개별 가격이 아닌 손님의 지불가격을 높여라

하지만 초밥을 개당 팔아서는 역시 힘들다. 1천원짜리 여러 개를 팔아야 객단가는 5~6천원에 불과할테니 말이다. 그래서 비틀어야 한다. 애초부터 소비단가를 계획하도록 메뉴를 구성해야 하는 것이다.

강요한 것은 아니지만 이 초밥집은 모듬초밥 10개가 1만원이다. 특모듬초밥 12개는 1만 3천원을 받는다. 둘이서 하나를 시켜도 흉은 아니지만, 상품력이 남다른 초밥집을 흔하게 볼 수 있는 것은 아니기 때문에 기꺼이 1인당 모듬초밥을 주문한다. 여기서 중요한 것은 '흔하게 접할 수 없는 가격 대비 만족도가 높은 집'이기 때문에 대부분 1만원짜리 모듬초밥을 주문한다는 것이다. 이처럼 객단가가 1만원부터 시작하기 때문에 개당 마진이 일식집의 초밥에 비해 현저히 낮다고 하더라도 12평 식당에서는 괜찮은, 우수한, 남다른 영업이익을 취할 수 있는 것이다.

개당 1천원을 받기 위해 원가를 냉동재료에 맞추고 그래서 개당 700원(일반적으로 음식 원가는 판매가의 30~35%라는 사실에 비춘다면)이 남는 초밥을 만들었다면 굳이 찾아가면서까지 이 집 초밥을 먹지는 않을 것이다. 손님들이 무수한 경험을 통해 받아들였던 식도락의 원가를 대입한다면 이 집의 초밥이 1천원이면 마진이 크지 않을 거라고 안심하는 것이다.

그만큼 신선하고, 일식집의 초밥처럼 밥 길이의 3배나 됨직한 두 툼한 생선회를 올려주기 때문에 어느 누가 보더라도 가격에 비해 싸다는 상품성을 제대로 구현해 내었다. 마트의 냉동초밥 4백원에 비하면 배는 비싸지만, 일식집의 신선한 초밥에 비해서는 전혀 모자람이 없는 제품을 1/3 가격으로 먹는다는 사실에 손님들은 반응하는 것이다.

그래서 손님들은 1인당 1만원 모듬초밥을 기꺼이 주문한다. 그리고 추가로 주문할 수 있는 2pcs 초밥(메뉴에 따라 2,400~4,000원)에 호기심을 갖는다. 함께 자리하지 못한 가족이나 친구를 생각하여 포장을 요청하는 것이다. 이러다보니 12평 작은 가게에서는 상상할 수도 없는 객단가 15,000원 정도가 자연스럽게 발생한다. 2명이면 3만원, 3명이면 4~5만원의 매출을 불과 20여분 사이에 팔아내는 것이다.

생각해 보자. 저가형 한정식집의 객단가도 겨우 1만원을 조금 상회한다. 그런데 한정식집은 이 정도의 매출을 올리자고 대형 식당을 준비하고, 인테리어 역시 웬만큼 투자해야 한다. 거기에 조리 인력과 여러 번 상차림에 신경써야 하는 서빙 인력은 필수다. 1만원 객단가를 뽑아내기 위해 준비해야 할, 투자해야 할 몫이 얼마나 큰지 비교할 수 있다.

삼겹살집은 어떨까? 1인분 1만원 삼겹살이라면 2인 기준 테이블 단가는 3만원이거나 35,000원 정도가 나온다. 그 매출에 준하는 수발을 얼마나 들어야 하는지는 고깃집 주인이라면 진절머리 나게 느낄 것이다. 그보다 더 무서운 것은 그 정도의 매출을 위해 손님이 테이블을 점유하는 시간이다. 최소 1시간 반은 머물러야 한다. 그렇게 시간을 보내고 그 값으로 3만원 정도의 값을 지불한다.

박리다매는 대체로 여럿에게 파는 것이 목표다. 싼 음식(만족도가 낮은 음식)을 혼자서 많이 먹을 리는 없으니까 회전율로 승부해야 한다. 그렇게 팔아도 고정비에 비하면 이익은 만족스럽지 못하다. 그래서 부득이하게 24시간 영업까지도 강행을 한다. 이것이 현실이다.

마찬가지로 초밥도 싼 음식처럼 점유시간이 짧은 음식이다. 반찬이라고 내어줄 것도 없고, 주문한 초밥을 다 먹으면 일어서야 한다. 칼국수 한 그릇 먹는 시간도 못되지만, 그러나 초밥은 포장이라는 특별한 선물이 있다. 괜찮은 식사 후에 '집에 있는 가족을 위한 포장'은 이상할 것이 없다. 그래서 개당 1천원짜리인 초밥이지만, 원가를 남다르게 제공해 상품 가치를 올리니까 객단가 1만원을 훌쩍 넘는 가치를 얻어내는 것이다. 여럿에게 팔아치우는 박리다매가 아니라, 한 사람의 소비자에게 최대한 소비를 이끌어내는 박리다매. 이런 것이 장사가 아닐까 싶다.

한때 '스시 3○○', '스시 9○○'이라면서 저가형 초밥이 불티난 적이 있다. 확연하게 싼 가격 때문에 시장의 반응이 폭발적이었던 것도 사실이지만, 한두 번의 경험으로 값에 맞는 상품 수준임을 확인하자 이내 수요는 잠잠해졌다. 이슈만을 이끌어낸 원가는 이처럼 이내 소비자에게 외면당한다. 싸더라도 소비자에게 이로운 가치가 없다는 것을 냉정하게 잘 알기 때문이다.

작은 가게에 어울리는 아이템

작은 가게에서 차릴 아이템은 불행히도 고정적이다. 원칙 안에서 움직여야 한다.

- 일단 싸야 한다. 작은 가게니까 비싼 소비를 아무도 계획하거나 실천하지 않는다.
- 객단가가 낮으니까 정해진 시간에만 팔아서는 가게 유지가 힘들다. 식사시간은 물론이거니와 그렇지 않은 시간에도 손님이 들어와야 한다. 그러자면 메뉴가 수십 가지는 되어야 한다.
- 특정한 고객층만 와서도 곤란하다. 남녀노소 불문하고 다양한 고객들이 스스럼없이 문을 열어야 한다. 그래서 수십 가지의 메뉴가 필요하다.

이런 원칙에 충실한 것이 바로 김밥 전문점(분식집)이다. 최소 40~50가지의 메뉴를 가지고 24시간 영업을 하는 것이 바로 이 때문이다. 객단가가 3천원 정도인지라 이렇게 악착같이 팔아야 가게를 유지할 수 있다.

초밥집은 전문 인력이 필요하다는 단점을 가지고 있다. 앞에서 언급한 12평 초밥집처럼 일매출 200만원을 판다면 그 작은 가게에서도 6명이 일을 해도 빠듯하다. 그래서 겁난다? 고정비가 높아서 힘에 부칠 것이다? 그것이 두려우면 장사는 시작을 하지 않는 것이 좋다. 적은 인원이 일해서 적게 벌 마음이라면 굳이 이런 제언에 관심을 기울일 필요가 없다. 그렇게 시늉으로 가게를 꾸리다가 적당한 타이밍에 문을 닫으면 그만이다.

김밥집의 24시간을 생각해 보자. 괜찮은 자리여서 손님이 끊이지 않는 곳이라면 여기도 마찬가지로 낮밤을 통틀어 그 이상의 인원이 필요하다. 매출이 24시간 동안 겨우 50~60만원이라면 인력은 줄일 수 있지만, 힘은 징그럽게 많이 들 것이다.

김밥집보다 좋다거나 한정식보다 낫다거나 고깃집보다 뛰어난 아이템이 초밥이라는 소리가 아니다. 개당 가격은 낮지만 실제 지불하는 객단가를 끌어 올리는 가능성을 말하고 싶은 것이다. 거기에는 철저하게 높은 원가율이라는 비밀이 숨어 있다. 상품 가치를 끌어 올리는 데 있어서 좋은 재료는 불가피한 투자다. 좋은 재료는 원가를 올린다. 그래서 그릇당 마진은 박하지만 객단가를 높일 수 있다면, 일매출을 끌어올릴 수 있다면 점주의 이익 역시 높아진다는 사실을 말하고 싶은 것이다.

저관여 고깃집을 고관여로 만들다

'절구만두'라는 상호로 수년을 장사했습니다.
그런데 그 잘되는 가게를 직원들이 속을 썩이자 과감히
업종을 바꿨습니다.
직원에게 밀리지 않는 결단력은 주인이 가져야 할 중요한 덕목 중 하나!
그런 점에서 역시 고수라고 칭해도 아깝지 않은 점주입니다.

이제 그 고수의 식당을 슬쩍 훔쳐보겠습니다.
고수라서 역시 잘한 것과
고수지만 깜박 실수한 것들을 구분해서 살펴보겠습니다.

고수라서 잘한 점 : 공간 할애

문을 열고 들어서면
가장 중앙에
서비스 공간이 있습니다.

가장 기억되기 좋은 공간을 손님에게 과감히 내주었습니다.
쇼윙만큼이나 좋은 판단입니다.

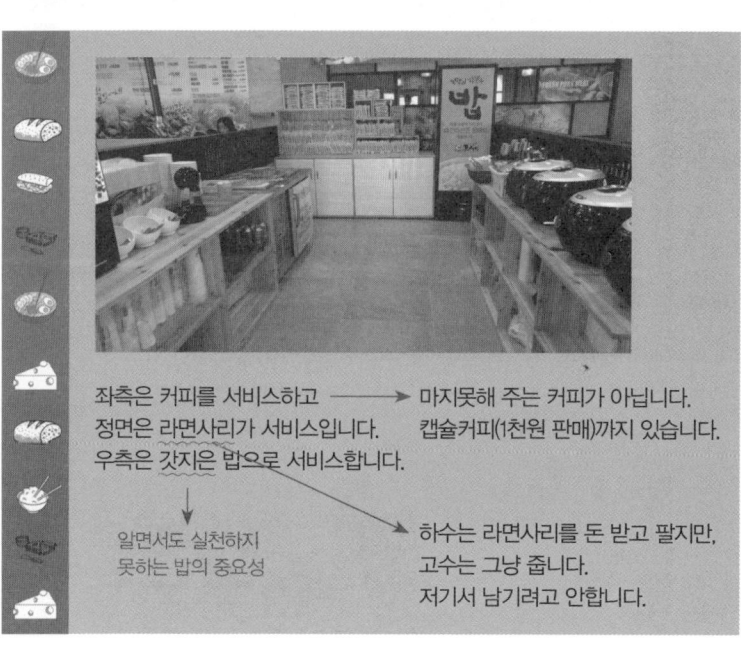

좌측은 커피를 서비스하고 ──→ 마지못해 주는 커피가 아닙니다.
정면은 라면사리가 서비스입니다.   캡슐커피(1천원 판매)까지 있습니다.
우측은 갓지은 밥으로 서비스합니다.

　↓
알면서도 실천하지   ──→ 하수는 라면사리를 돈 받고 팔지만,
못하는 밥의 중요성   고수는 그냥 줍니다.
                          저기서 남기려고 안합니다.

'마음껏 드세요'란 글자가 좀더 커야 합니다.
'마음껏'이 포인트니까요.

작은 식당은 공간 핑계를 대고, 큰 식당은 번거로움을 핑계합니다.
그래서 고수는 이 작은 카드로 손님을 제압합니다.

고수라서 잘한 점 : 기물 선택

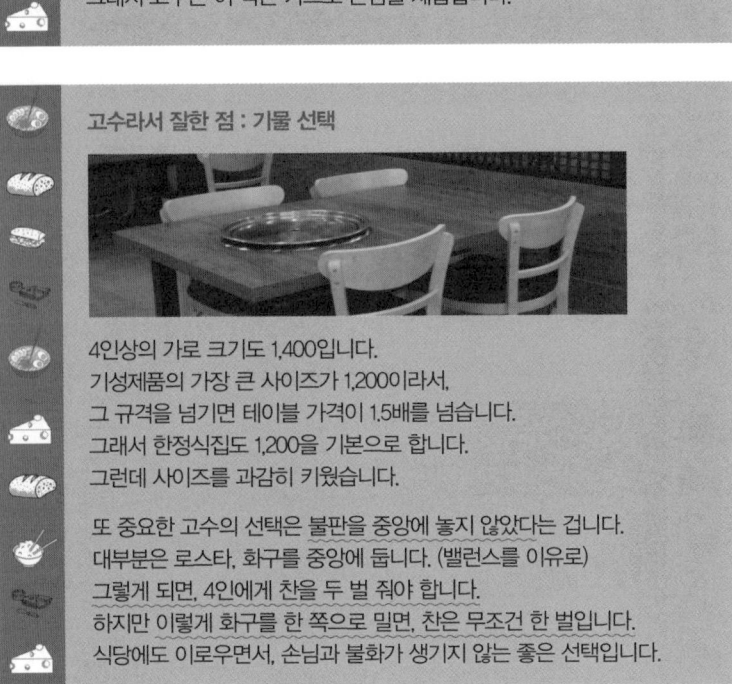

4인상의 가로 크기도 1,400입니다.
기성제품의 가장 큰 사이즈가 1,200이라서,
그 규격을 넘기면 테이블 가격이 1.5배를 넘습니다.
그래서 한정식집도 1,200을 기본으로 합니다.
그런데 사이즈를 과감히 키웠습니다.

또 중요한 고수의 선택은 불판을 중앙에 놓지 않았다는 겁니다.
대부분은 로스타, 화구를 중앙에 둡니다. (밸런스를 이유로)
그렇게 되면, 4인에게 찬을 두 벌 줘야 합니다.
하지만 이렇게 화구를 한 쪽으로 밀면, 찬은 무조건 한 벌입니다.
식당에도 이로우면서, 손님과 불화가 생기지 않는 좋은 선택입니다.

고수라서 잘한 점 : 찬과 찌개

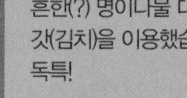

쩌깐하고, 마지못한
된장찌개가 아닙니다.
한우뼈가 들어간
된장찌개입니다.

흔한(?) 명이나물 대신에
갓(김치)을 이용했습니다.
독특!

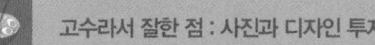

고수라서 잘한 점 : 사진과 디자인 투자

사진은 장당 5만원이면
맘에 드는 걸 구매할 수 있습니다.
찍을 수도 있습니다.
컷당 20만원을 주고 찍어야 하니까
사진이 많지 않다면
필요한 사진만 구매해도 좋습니다.

대부분의 창업자는
공짜로 돌아다니는 사진을 쓰고
디자인도 간판집에서 공짜로
해결합니다.
그러니,
거기서 거기인 메뉴판과 현수막으로
손님에게 다가서니.
통할 리 만무합니다.

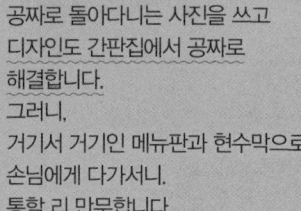

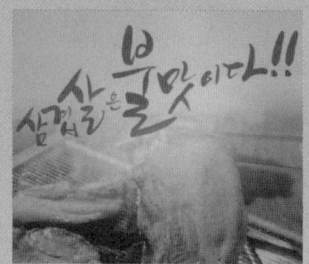

고수라서 잘한 점 : 고기 추가에서 한 방

"고기 추가하시면
차돌박이를 써~~비스합니다."

"또 고기를 한 번 더 추가하시면
생연어를 써~~비스합니다."

그래야 합니다.
지금까지는 추가에서 남기는 게
고기장사였는지 몰라도,
앞으로는 추가엔 보답함이
맞는 일입니다.

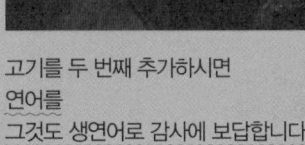

고기를 두 번째 추가하시면
연어를
그것도 생연어로 감사에 보답합니다.

얼마나 맛있는지,
아들이 엄마아빠 먹기도 전에 후다닥 해치웁니다.

고수라고 다 잘할 수는 없습니다.

아챠! 하는 부분이 있고
자신도 모르게 헷갈린 부분도 있습니다.
혹은 본의 아닌 욕심이 섞이기도 합니다.

물론 제가 만든 식당도
나중에 뜯어보고, 냉정히 보면
이보다 더 많은 실수와 어리석음이 있기도 합니다.

하지만 전 직업이 훈수꾼이니만큼
충분히 고수라서 잘됨이 예견되지만
애정을 담아서 몇 가지만 지적합니다.

1) 직원이 손님과 말을 한 번 섞을
   명분을 만드는 겁니다.
2) 손님은 궁금증을 갖습니다.
3) 한 번 더 식당을 기억하는
   장치가 됩니다(물론 그만한
   가치를 담아낼 때에 한합니다).

찬을 세팅할 때
된장찌개가 들어갈 공간을
미리 벌려주고 놓습니다.

이때 멘트는 필수입니다.

"이따 큰놈 하나 나오니까,
여긴 이대로 비워두세요"

1) 버섯을 조금 더 푸짐하게 넣으면 어떨까요?
2) 이 고기가 왜 여기에 있는지 설명하면 어떨까요?
   (설악한우식당에서 가져온 한우뼈로 끓인 특별한 된장찌개라는 것을)

→ 멘트로 직원들이 설명하거나
→ 긴 이쑤시개에 깃발로 내용을 매달아 이 고기뼈에 꽂아서 내주면
   사진을 찍지 않을까요?
→ 그럼 설악한우도 홍보하고, 이것도 SNS에 돌아다니고…

'맛있는 돼지갈비'라는 것을 홍보하면
그걸 확인해야 합니다.
먹어보기 전에는 그런데 확인이
안 됩니다.
그러나, 이건 굳이 먹어보지 않아도
확인이 됩니다. 그래서 이 팩트를 사실,
자주, 되도록 더 강조해야 하는 겁니다.

1) 테이블을 세로형 세팅지라고
   생각하고
2) 같은 내용을 디자인해서
   인쇄합니다.
3) 아트지는 전단지 느낌이 나니까,
   모조지로 합니다. (좀 더 비쌉니다)
4) 테이블에서 한 장씩 쓰고 버립니다.
5) 세팅지가 아니라 → 테이블당
   홍보전단이라고 생각하고 소비하는
   겁니다.

메뉴는 2가지면 됩니다.
이걸 팔자고 작정하고 덤비면 됩니다.
'삼겹살'과 '돼지갈비' (현재도 1대4의
비중이듯이 앞으로 콤비식당의
대표선수는 돼지갈비일 겁니다)

이 두툼함을 유지하세요.
아주 다른 식감을 줍니다. 절대 얇게 하지 마시고
굽기 힘들어도 이 두께를 유지해 내는 겁니다.

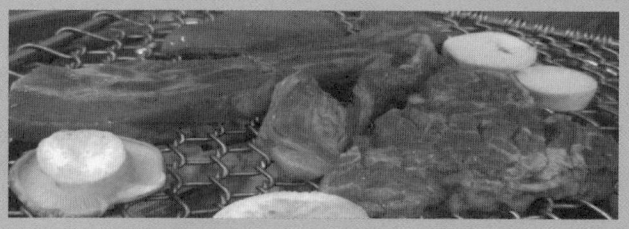

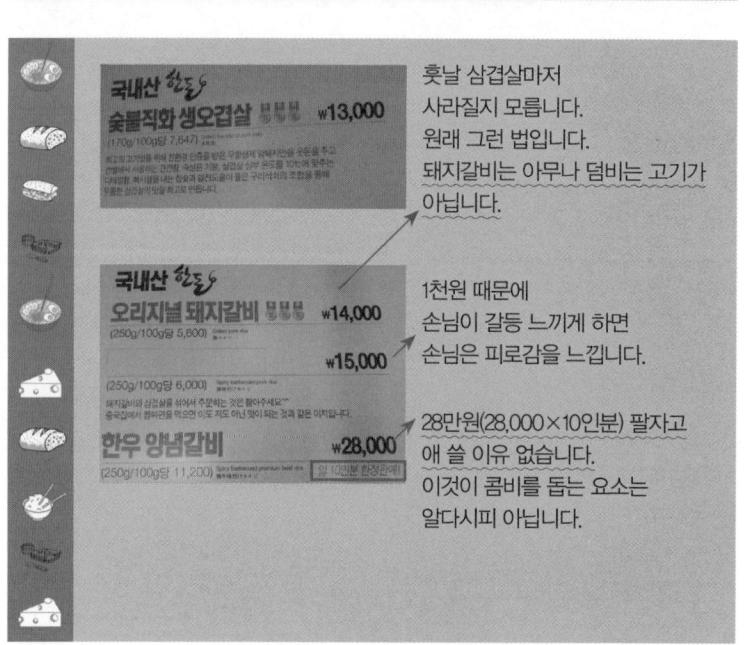

훗날 삼겹살마저
사라질지 모릅니다.
원래 그런 법입니다.
돼지갈비는 아무나 덤비는 고기가
아닙니다.

1천원 때문에
손님이 갈등 느끼게 하면
손님은 피로감을 느낍니다.

28만원(28,000×10인분) 팔자고
애 쓸 이유 없습니다.
이것이 콤비를 돕는 요소는
알다시피 아닙니다.

제5장

당신의 식당을 바꿔줄
21가지 훈수

먹는 장사만큼 돈을 벌 수 있는 것도 드물다.
경쟁자가 많을수록
확실한 차별성만 보여주면
수많은 손님을 단번에
내 편으로 만들 수 있다.
입으로 평가받은 입소문은
아주 파괴력이 크다.
그 어떤 광고보다도 입소문 하나로
전파력이 빠른 것이
바로 먹는 장사다.
그런 장사를 하는 당신은 행운아다.

01 가게 크기와 월세, 최적의 조합을 찾아라

작은 가게의 월세가 비싸다면 회전율로 승부해야 한다. 단가가 비싸거나 특정 연령대가 좋아하는 것이어서는 안 된다. 메뉴가 다양해야 하고, 테이크아웃의 비중도 높아야 한다. 특정시간대에만 소비되어서는 안 된다.

작은 가게의 월세가 싸다면 팔고 싶은 것을 해도 좋다. 월세가 싸니까 이것저것 팔지 않고, 가급적 전문성으로 승부해야 한다. 월세가 버틸 만 하니까 진득하게 시간에 투자를 한다. 이런 가게가 결국 '뒷골목에서 이런 메뉴로 대박을 친!' 등의 방송 출연으로 유명해진다.

큰 가게의 월세가 비싸다면 저단가는 팔지 말아야 한다. 소비력이 작은 손님은 버려야 한다. 많은 손님이 즐기기보다는 핵심 손님이 만끽하는 공간 연출이 필요하다. 음식도 전문성으로 승부해 일부러 찾아오게 만들어야 한다.

큰 가게의 월세가 싸다면 일부러 비싼 것을 팔지 말아야 한다. 월세가 싸니까 적당히 서민적·대중적인 것을 선택하여 집중한다. 평일 점심 / 평일 저녁 / 주말 중에서 하나만 확실하게 잡는다는 전략을 세워야 한다.

거칠게 훈수하자면 작은 가게가 월세가 비싸면 객단가가 그래도 높은 초밥류가 어울린다. 포장매출도 만만치 않기 때문이다. 반대로 작고 월세가 싸다면 우동은 꽤 근사한 메뉴다. 물론, 우동을 어떤 가성비로 채우는가는 풀어야 할 숙제지만 작은 가게에서 칼국수보다는 우동이 낫다. 짬뽕도 좋지만, 짬뽕은 너무 흔하니 우동이 훨씬 더 매력적이다.

02 팔리지 않는 메뉴는 버려라

동네 앞 헤어샵을 가면 매번 "머리 직접 감으실 건가요?"라는 말을 듣는다. 이 말을 들으면 짜증도 나고, 기분도 상한다. 마치 '1천원이 아까워 머리를 네 손으로 직접 감냐?'는 뉘앙스가 전달되기 때문이다.

남성 전용 미용실에서는 돈을 주어야 머리를 감겨준다. 스텝이 머리를 감겨주면 자존심이 상하나? 스텝이 머리를 감겨주면 수도료가 더 나오는 것인가? 왜 머리 감겨준다고 1천원을 더 받는지 모르겠다. 그리고 도대체 헤어 세척 매출이 하루에 얼마나 되는 것일까?

왜 맛있는(비싼) 소갈비 놔두고, (싼) 돼지갈비를 시키는지 도저히 이해 못하겠다는 졸(卒) 같은 종업원의 표정이 여기에 오버랩된다. 이것은 분명히 풀어야 할, 짚고 넘어가야 할 문제이다.

손님의 시선이 메뉴판에 있는 돼지갈비 주문으로 느껴진다면 밝게 웃으면서 "저희 집 돼지갈비는 히트상품입니다. 양도 많고, 가격도 착하답니다. 일단 2인분부터 주문해서 드셔보시고 1인분씩 추가로 드세요."라고 말해 보자.

03 원가는 살아남은 후에 따져라

원가를 낮추기 위해 싸구려 재료를 사용하는 것이 자충수라는 것은 누구나 알고 있다. 그래서 차선의 선택으로 재활용을 통한 원가 절감을 대부분 실천해왔다. 위생적으로나 건강상으로는 재활용이 더 위해한 짓임에도 말이다.

　원가를 낮추려면 레시피를 조정해야 한다. 무식하게 갖은 재료를 넣어 육수를 끓이지 않아도 몇 가지의 핵심 재료와 몇 가지의 조미료 배합으로 원가를 낮추는 길을 모색해야 한다. 예를 들어 보자. 질이 낮은 바지락을 가지고 육수를 끓이려면 바지락이 많이 필요하다. 그러나 최상품의 바지락을 이용해 육수를 끓인다면 적은 양으로도 가능하다. 집에서 음식을 만들 때 우리가 늘 경험하지 않았던가?

 이경태의 훈수

원가가 판매가의 30%를 넘으면 식당이 망한다는 생각 자체가 큰일이다. 지금 당신은 원가를 줄이기 위한 싸움이 아니라, 사느냐 죽느냐의 존패 갈림길에 서있다. 일단은 살아남아야 한다. 살아남으려면 질 좋은 재료로 승부해야 한다. 그리고 기교를 배워야 한다. 레시피와 상차림은 그래서 중요한 것이다.

04 반찬으로 승부하라

대부분의 한식은 반찬이 생명이다. 반찬을 주지 않고도 손님을 줄 세울 수 있다면 끔찍한(?) 행운이다. 그러나 불행하게도 그 행운은 좋은 자리가 아니면 어림없다는 불변의 법칙도 있다. 그런데 대부분의 식당은 번화한 앞골목이 아닌 뒷골목이기 때문에 반찬 공부를 해야 한다.

반찬 고수들은 도처에 널렸다. 그런데도 우리 식당의 반찬은 언제나 한결같다. 낭비를 없애야 한다면서 4~5가지가 전부다. 조미료를 넣지 않아야 한다는 마음에서 제일 싼 나물 위주의 건강식으로만 구성하고 있다. 심지어 손대지 않으면 돈 굳었다고 좋아하기도 한다.

이경태의 훈수

매일 반찬을 바꿔주는 노력으로 성공한 식당들이 있다. 반찬 데코레이션(상차림)을 강조하여 성공한 식당들이 있다. 비범하진 않지만 남들보다 훨씬 더 많은 반찬 제공으로 성공한 식당들이 있다. 조금 더 색깔있는 다른 반찬을 내주어 성공한 식당들이 있다. 누가 봐도 평이한 보잘 것 없는 반찬을 내주고, 그것을 비벼먹도록 양푼 하나 준 것으로 성공한 식당들이 있다. 평범한 반찬을 예쁘게 광주리에 모아주어 성공한 식당들이 있다.

05 메뉴를 덜어내어 강하게 만들어라

테이블이 4~5개 정도 되는 작은 가게에 갔다. 그렇게 작은 가게에 메뉴는 주렁주렁 달려 있다. 메뉴가 간결하면 선택이 쉬운데 메뉴가 많으니 '뭘 먹어도 크게 만족스럽지 않을 것이 분명하다'고 속으로 생각한다.

컨설팅의 핵심은 '내어주는 손이 부끄럽지 않으신지요?'였다. 그렇다면 문제는 해결될 것이 분명하다. 내어주는 손이 부끄럽기 때문에 장사가 되지 않는 것이지, 부끄럽지 않다면 그 음식의 본질은 통하기 마련이다. 접근성의 문제와 수많은 경쟁자 속에서 아직 발견되지 못해 주춤하고 있을 뿐이다. 그래서 장사는 시간 싸움이라고 한다. 우리가 알고 있는 노포는 의연히 시간을 이겨낸 식당이 대부분이다.

메뉴에 문제가 있어 손님이 적다는 생각이 아니라면 메뉴를 추가하거나 보강하여 푸는 악수(惡手)는 멀리 해야 한다. 메뉴가 많은 것은 오직 김밥집에서나 떳떳하다. 그 외 대부분의 식당에서 메뉴가 많다는 것은 '나 발악하고 있는 중'이라고 고백하는 것과 다르지 않다. 특히 관여도가 높아야 하는(찾아가야 하는) 자리라면 메뉴를 덜어내고 강하게 만들 구상에 몰입해야 한다.

메뉴가 적으면 당연히 동네 사람은 오지 않는다. 하지만 걱정하지 마라. 동네 사람 밥집하려고 차린 식당이 아니다. 식당이 잘되려면 멀리서 찾아와야 한다. 그 사람들은 멀리서 찾아온 기대감만큼 그거 하나 잘하기를 바란다. 동네 사람은 메뉴를 늘리라고 하지만, 진짜 손님은 메뉴가 한 가지이기를 바란다. 그래서 메뉴를 늘리는 순간, 동네 밥집이 될 뿐이다. 내 운명을 동네 사람이 쥐게 된다.

06 손님이 원하는 것은 맛보기 세트가 아니다

'일식 점심세트 판매! 우동 + 돈가스 + 덮밥 = 6천원'

김밥집에는 전문 음식이 없다. 김밥이 전문인데, 고작 1~2천원짜리 전문 메뉴라서 힘이 없다. 이처럼 김밥을 포함한 다른 메뉴가 별스럽지 않으니까 한 가지보다는 여러 가지를 먹어서 지불가치를 높이는 것이다.

그런데 일식 분식집이라면 그곳을 찾는 사람들은 분명한 목적이 있다. 일식 우동, 일식 돈가스, 일식 카레를 먹고 싶은 것이다. 그런데 그 모든 것을 세트로 주면 더 좋아할까? 한 가지를 제대로 먹는 것과 조금씩 맛만 보다 그치는 것으로 이해해 보자. 어느 것이 더 좋은지, 더 만족스러울지 말이다.

세트에는 가격 할인의 개념이 들어가 있다. 그래서 맛에 대한 기대치가 적을 때 세트의 조합이 강해진다. 모든 메뉴가 일식의 정통성을 가지고 있는 음식이라면 세트로 가격을 내려 맛보기에 연연할 것이 아니라, 반대로 양을 늘려서 (각 단일 메뉴를) 팔거나 요일별 메뉴 할인으로 호객하는 것이 더 효과적이다. 식당을 찾는 손님들이 원하는 것은 돈 값을 하는 맛 + 색다른 맛 + 전문적인 맛이다.

이것저것 다 맛보기를 원하는 손님은 뷔페를 가면 된다. 당신의 구성이 아무리 튼실해도 뷔페를 따라갈 수는 없다. 딱히 '이거 제일 잘해요'가 없을 때 두루뭉술하게 섞어서 판다는 것을 명심하자. 그리고 손님도 그 정도는 눈치를 챈다. '여기는 뭘 먹어도 그냥저냥이니까, 그냥 가격이 좀 유리한 세트로 먹고 말자'라고 생각한다. 서로가 불편한 선택이다.

07 18번 메뉴가 없다면 공짜로 승부하라

감자탕을 먹을 때 뼈에 붙은 살이 부실하면 그 어떤 손님도 절대 '뼈 추가'를 시키지 않는다. 그런데 도저히 뼈로 이겨낼 수 없다면 그 다음으로 손님이 반응할 수 있는 것에 도전해야 한다. 바로 '수제비'다. 감자탕에 가장 어울리는 사리는 수제비다. 이때 수제비를 공짜로 가져다 먹을 수 있도록 가게 중앙에 비치하는 것이 포인트다. 수제비로 부실한 뼈를 커버하는 것이다. 이렇게 부실한 음식에 악센트를 넣을 수 있다.

쭈꾸미처럼 매운 음식이라면, 그리고 자박한 국물에 밥을 볶아먹는 것이 마지막 코스라고 충분히 시장에서 검증된 식당이라면 맛있는 볶음밥을 위해 생각을 바꾸어 18번을 만들면 된다. 닭한마리집에서도, 해물탕집에서도, 샤브칼국수집에서도 시도할 수 있다.

'맛있는 볶음밥, 수고비로 겨우 500원' 남들은 볶음밥을 2,000원에 팔지만 마진을 과감히 포기하면 구전이 강한 식당이 되고도 남는다.

이경태의 훈수

먹다 남은 라면국물에 공기밥 반 공기를 팔지 않으니까 1,000원짜리 공기밥은 시키지 않는 것이다. 반 공기 500원이라고 써놓으면 열에 일곱은 공기밥을 추가할 것이다.

08 손님에게 먼저 선수를 쳐라

한식의 경우 마진이 나쁠 것 같지만 여럿이 주문하면 가게가 즐겁다. 냄비째 내어주는 김치찌개는 3인분이나 4인분이나 공기밥의 수와 국물의 양 차이만 있을 뿐이다. 반찬이야 모자라면 줄 수 있는 부분이니까 관심도 없다. 3인분 양을 주고 4인분 값을 받는 흥정은 즐겁다.

쌈밥집 역시 여럿이 주문하면 원가는 팍팍 내려간다. 백반집도 마찬가지다. 생선 한 마리 더 올라가는 것 빼곤 상차림이 달라지지 않는다. 한정식도 인원수대로 내어주는 음식이니까 다를 것 같지만 추가 요청을 거절하지 않는 이상 인원수가 많은 주문이 원가에 유리하다. 그래서 우리는 백반집에서 4명이 부득불 3인분만 달라고 떼를 쓰는 것을 흔하게 볼 수 있다. 양에 대한, 가격에 대한 믿음이 없기 때문이다. 찌개는 양을 하나 덜어내고, 공기밥을 추가하는 것이다.

오히려 식당이 반대로 선수를 칠 때 손님은 고맙다. "김치찌개 4인분 시키지 마시고, 양을 더 드릴 테니까 3인분에 사리를 추가하세요. 그렇게 주문하시는 것이 손님에게 이익입니다" 이런 점주의 멘트에 손님은 감동해 쓰러지는 것이다.

09 히트 반찬 한 가지로 승부하라

모든 것을 잘하려고 하지 말아야 한다. 다 잘할 수는 없다. 하나만 잘하기도 벅차다. 골고루 잘 팔리게 그만그만하게 만들어 봐야, 제대로 된 놈 하나 만나면 무너지는 것은 한순간이다. 모든 것을 다 잘하는 사람은 어딘가 어렵다. 거꾸로 미덥지 않기도 하다. 모든 것을 잘 설명하는 사람보다 한 가지 결론만 올곧게 이야기하는 사람을 신뢰할 수 있다.

깍두기가 맛있는 집. 그런 집을 만들자. 설렁탕이 좀 떨어지면 어떤가? 갈비탕이라고 오해하지 않을 정도면 된다. 죽여지게 맛있는 깍두기 하나를 제대로 만들자. 서비스는 안 해도 된다. 손님이 원하는 것은 맛없는 서비스가 아니라 돈이 아깝지 않은 지불이다.

겉절이가 맛있는 집. 그런 집을 만들자. 칼국수 면이 좀 가늘면 어떤가? 국수라고 오해하지 않을 정도면 된다. 끝내주게 맛있는 겉절이 하나만 제대로 만들자.

레퍼토리가 많은 식당은 히트곡 만들기가 힘들다. 저마다의 취향에 따라 순서가 뒤바뀌기 때문이다. 그럴 때는 반찬으로 히트곡을 만들어 낼 수도 있다.

거꾸로 생각해야 한다. 칼국수집을 차릴거라면 겉절이부터 배워서 그게 해결되면 그때 칼국수를, 설렁탕은 깍두기부터 만들 자신이 있을 때 설렁탕을 배워야 한다. 이게 반대니까 장사가 안 되는 것이다. 분명히 칼국수, 설렁탕은 맛있다고 하면서도 재방문을 하지 않는 이유는, 빛나는 조연이 없기 때문에 굳이 거기를 갈 이유가 없다고 판단해서다. 보쌈을 김치 빼고 먹는다면 그건 수육이다. 그 수육은 집에서 삶아도 맛있다. 김치를 만들 수 없어서 보쌈집에 가는 것이다.

10 많이 팔려면 가격으로 승부하라

길거리의 리어카 노점이나 지하철 역사 내의 간이상가처럼 정상적인 점포의 모양새를 갖추고 있지 않다면 그런 곳에서 파는 제품은 사도 그만, 안사도 그만인 것이 대부분이다. 그러나 그럼에도 불구하고 팔아야 한다면 어떻게 해야 할까?

'서비스를 좋게 한다' '상품을 멋지게 진열한다' '희귀한 상품 위주로 선점한다' '튀는 복장으로 시선을 잡는다'까지 고민하지 않아도 좋다. 그냥 가격으로 정리하자. 골치 아픈 마케팅이나 그럴듯한 연출이나 뭔가 획기적인 아이디어보다 가장 빠른 것이 '가격'이다.

값이 싸니까 별 생각 없이 사게끔 하자. 음료수 하나 마셨다는 마음으로 기웃거리게 하자. 천원이면 된다. 천원짜리 한 장과 두세 장은 다르다. 팩에 담긴 떡이 2천원일 때에는 늦은 저녁까지 애를 써서 팔아야 했지만, 1천원으로 가격을 내리면 퇴근시간 전에 다 팔린다.

저관여를 파는 허름한 상점에서 가격은 목표지향점이 아니다. 많이 팔아야 한다. 적게 팔면서 이문이 많은 장사보다는, 줄 세워서 많이 파는 가게가 결국에는 이긴다.

장사는 그저 많이 팔아내는 것과 제대로 팔아내는 것으로 갈린다. 누구나 가져다 파는 물건은 가격이 관건이다. 청량리역에서 본 신발과 회기역에서 본 신발은 누가 가격이 더 싼가에 달렸다. 싼 것이 생각보다 더 쌀 때 지갑을 연다. 어느 누가 가져다 팔아도 그만인 것에 의미를 둔다고 팔리지 않는다. 변하지 않는 저관여는 오직 가격만이 돌파구다.

11 식당의 4번 타자, 손님의 18번

같은 것 같지만 다른 것이 많다. 같다고 생각하지만 반드시 달라야 하는 것이 있다. 분식집과 백반집에서 4번 타자가 없다는 것은 모든 메뉴가 '별 볼 일 없음'이다. 먹어도 그만, 안 먹어도 그만이다. 그래서 확실한 하나의 대단한 메뉴를 가지고 있어야 살아남을 수 있다. 식당에서 4번 타자 하나는 반드시 가지고 가야 할 무기이다.

그에 반해 18번은 다르다. 4번 타자가 식당으로 손님을 유인하는 무기라면, 18번은 손님들이 인정한 가치다. 손님 스스로가 인정했기 때문에 더 큰 힘을 발휘한다. 왜냐하면 4번 타자에 대한 평가는 10인 10색일 수 있기 때문이다.

예를 들어 보자. ○○냉면의 확실한 4번 타자는 바로 냉면이다. 겨울을 제외하고는 냉면 매출이 거의 전부다. 그러나 손님들에게 ○○냉면의 18번이 뭐냐고 물으면 "매운 맛!" "많은 양!" "착한 가격!"이라고 한다. 정리하면 4번 타자는 가게가 만들어 낸 맛의 무기이고, 18번은 손님이 평가한 식당의 가치라는 점이다.

주변에 망한 식당을 살펴보자. 확실한 4번 타자가 있는 식당은 쉽게 망하지 않는다. 이구동성 18번으로 떠드는 내용이 있는 식당 치고 망한 곳이 없다는 것을 알게 될 것이다.

무엇이든 기억에 하나 제대로 박히게 만들어야 한다. 그것이 꼭 음식일 필요는 없다. 음식에 대한 칭찬과 격려는 하나도 없어도 그만이다. 하루에 4시간만 문여는 식당이라는 사실만으로 손님이 밀리는 곳이 있다. 저녁에만 장사하는 고깃집, 점심만 팔고 문닫는 국밥집이라는 특징 때문에 손님이 줄 서는 식당이 있다. 4번 타자, 18번! 결국에는 그 누구와도 비교할 수 있는 차이점 하나라는 소리다.

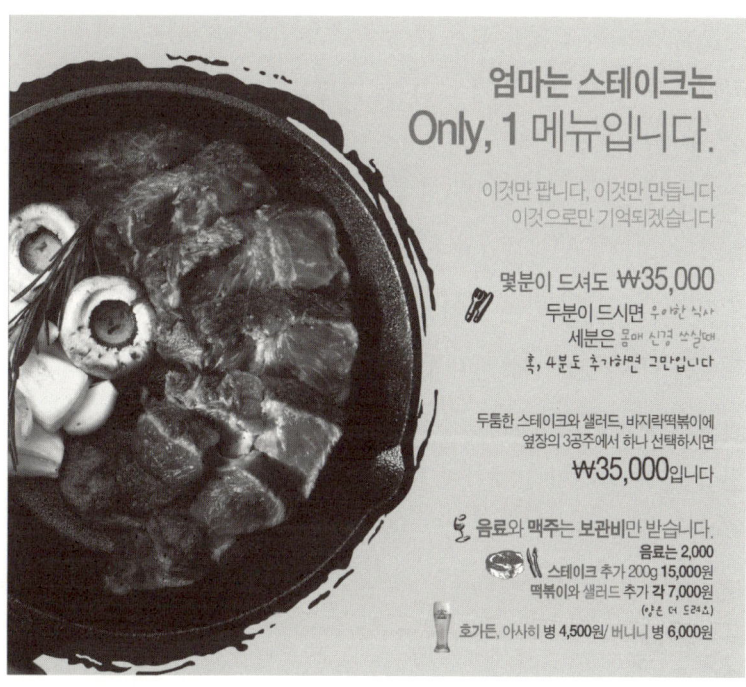

12 손님의 괜찮다는 표현에 속지 마라

손님의 '괜찮다'는 표현과 반응은 '별로다'라는 의미이다. 괜찮은 집은 도처에 널려있다. 분위기가 괜찮고, 음식 맛이 괜찮고, 서비스가 괜찮고, 가격이 괜찮은 집은 주변에 널려있다. 널려있으니까 인상적이지 못하다. 인지력이 떨어지니까 재방문이 낮아지는 것이다. 손님의 재방문기간이 길어진다는 것은 결국 가게의 힘이 점점 빠진다는 뜻이다. 손님이 자꾸 괜찮다고 하는데 매출은 부진하고 미진하다면 분명 당신 가게는 괜찮지 않은 것이다.

그러나 '끝내준다'는 표현은 흔하지 않다. 손님의 '끝내주었다'는 표현은 가치의 평가다. 끝내주는 것이 음식이면 손님의 18번과 식당의 4번 타자가 같아지는 것이고, 음식이 아니라면 든든한 레퍼토리·컨셉·슬로건 하나를 추가한 것이라고 보면 좋다. 그래서 끝내주게 팔아야 한다. 끝내주게 만드는 것은 어렵지만, 팔기는 쉽다.

이경태의 훈수

모든 것을 잘하려고 하지 말자. 설렁탕집의 깍두기, 칼국수집의 겉절이, 보쌈집의 김치 하나만 특화하도록 하자. 거기에 보쌈 주는 칼국수처럼 한두 가지 포인트를 더 얹어보자.

13 지출비용을 꼼꼼히 확인하라

내 식당의 수익이 얼마나 되는지를 따지려면 지출비용을 꼼꼼하게 체크해야 한다. 그래야 뒤로 밑지는 장사를 하지 않게 된다. 그러나 이 계산도 야누스의 얼굴을 하고 있음을 알아야 하고, 자신이 지향하는 바에 따라 때로는 독하게 때로는 느슨하게 잡을 필요가 있다는 것도 알아야 한다.

현재가 벼랑 끝이라고 생각한다면 자꾸 미련을 갖는 것이 스스로에게 족쇄일 수 있다. 이런 식당이라면 독하게 지출비용을 산출하는 것이 좋다.

반대로 장사가 잘되고 있어 흐뭇하다면 이런 경우에도 혹시 생길 이익의 누수를 예방하기 위해 여러 가지의 지출항목을 만들어 미리미리 대비를 해놓는 방식을 택하는 것이 좋다.

그리고 미래가 희망이 있고, 지금보다는 내일이 더 기대되는 식당이라면 무리해서 지출항목을 잡는 것보다는 느슨하게 잡는 것도 요령이다. 내일이 나아질 것이 확실한데 지금이 어렵다고 스스로를 절망으로 떨어뜨릴 필요는 없지 않은가? 아주 상식선의 지출만 따져놓아야 한다. 필요에 따라 눈을 질끈 감고 '그래 내일을 위한 잠시의 투자일거야'라고 생각하는 지혜도 필요하다.

통장을 분산시키는 것도 좋은 방법이다. 퇴직금을 담아두는 통장, 부가세를 위해 적립하는 통장은 때가 되면 아주 요긴하게 쓰인다. 심지어 기물 교체비까지 미리 떼어서 적립해 두는 식당이 있는데, 그런 돈은 쓰임이 없으면 결국 뜻하지 않은 공돈이 생기는 것이다. 앞으로 벌고 뒤로 밑지는 일은 하나의 통장에서 모든 것을 관리하면서 발생하는 필연적 어수선함이다.

14 선거 현수막을 벤치마킹하라

우리나라는 선거가 참 많다. 거의 매년 선거가 있으니 말이다. 그런데 선거 때마다 선거 현수막을 보면서 식당의 현수막을 연상 지으면 '사람 생각이 다 거기서 거기'라고 웃음 짓게 된다.

제한된 면에 내용을 꽉 채운다고 눈에 띄는 것도 아니니, 압축된 문구와 단어 선택만이 살길이다. 선거 현수막의 스킬을 그대로 따라하는 것만으로도 내 식당의 현수막을 보다 강하게, 눈에 띄도록, 호감가도록 할 수 있다. 정치인은 현수막 하나도 허술하게 만들지 않는다. 선거 기간 내내 경쟁자와의 차별점을 고스란히 노출시키는 최선의 홍보이기 때문이다. 그들은 슬로건 하나, 색상 하나, 사진 속 이미지 하나를 치열하게 고민하고, 전문가들의 다면평가를 통해 결정한다.

이걸래의 훈수

정치인이 자신이 해온 실적을 한 줄로 설명하는 것처럼 내 식당의 대표 메뉴, 손이 부끄럽지 않은 상차림을 통해 다른 식당과 확연히 다른 4번 타자를 보여주는 문구를 짜야 한다. 주권자들에게 어필되는 공약처럼 손님이 기대하고 원하는 18번을 짜내고, 손님에게 이로운 내용으로 인지성을 높여야 한다.

15 영혼 없는 서비스는 버려라

서비스에는 매뉴얼이 없다. 1대1로 제대로 대응하지 못하면 진정한 서비스가 되지 못하기 때문이다. '접객의 7대 요령' '클레임 처리의 8대 수칙'과 같은 것은 다 쓰레기라고 생각하라. '안녕하세요' '반갑습니다' '고맙습니다' '어서오세요' 이런 것들로 뭘 어쩌란 말인가?

물론 손님이 들던 나가던 아무런 말도 하지 말라는 뜻이 아니다. 분명히 대응을 해야 하고, 관심을 표명해야 한다. 그러나 천편일률적으로 누가 봐도 한눈에 '어~~ 저건 아니지. 저게 진심이야?'라고 느껴지는 표현은 서둘러 거둬야 한다.

한 대형 의류매장에서 "안녕하십니까? 어서 오세요!"라고 한 사람이 외치면 모든 직원이 잠시 일손을 마치고 전원이 따라 합창을 한다. 그런데 도대체 일은 언제 할 것인지 계속 인사가 끊이지 않는다. 그러니 이 자체가 공해고 소음이다. 이게 서비스인가? 매뉴얼인가?

손님의 눈을 보고 말하지 않는 것은 인사도, 서비스도 아니다. 모두가 합창하지 않아도 좋다. 활기차다는 것은 말이 아니어도 눈치 챌 수 있다. 손님의 경험은 풍부하다.

16 매뉴얼이 아닌 솔직한 응대를 하라

"어서 오세요? 몇 분이세요? 편한 자리에 앉으시면 됩니다."

이런 멘트가 영혼이 없는 멘트다. 가장 좋은 자리는 1층이건 2층이건 간에 창가 쪽이다. 그 다음은 구석자리이다. 벽을 벗 삼아 기댈수 있기 때문이다. 벽도 없고 그래서 기댈 곳도 없는 중앙자리는 그래서 제일 나중에 찬다. 마지 못해 앉게 된다. 아니라고 우기지 말자. 100% 사실이다. 그래서 어떤 식당이던 명당자리의 순서는 정해져있다. 그럼 명당이 아닌 나머지 자리는 어떻게 앉혀야 할까?

손님을 기억하라. 손님에게 멘트하라(멘트는 정말 중요하다. '그걸 선천적으로 잘 못하는데'라고 자조하고 변명해야 쓸모없다. 그냥 당신의 장사가 불편해지면 그만이다).

"제가 가장 좋은 자리로 모시겠습니다. 이리 오시겠습니까?" 이런 멘트여야 한다. 그런데 문제가 있다. 좋은 자리가 이제 다 빠진 상황이라면 센스 있게 솔직해 지자. "제가 제일 편안한 자리로 모시겠습니다. 중앙이지만 저희와 소통이 가장 좋은 자리라서 최고로 서비스를 받들어 모실 수 있는 자리기에 권하고 싶습니다. 괜찮으시겠습니까?"

17 손님의 지적은 관심으로 받아라

손님이 식당에 와서 무언가를 말한다는 것은 지적을 하는 것이 아니라, 자신에게 관심을 보이라는 뜻이 더 강하다. 음식을 개개인의 입맛에 맞춰줄 수 있는 것은 어머니의 손맛일 때나 가능하다. 식당에서 '일일이' 손님의 입맛에 맞춘다는 것은 있을 수 없다.

'이건 너무 싱겁구요. 이건 짜요'(집밥은 완벽할까?)처럼 기분이 좋을 때 먹는 밥과 기분이 나쁠 때 먹는 밥은 똑같은 음식이어도 똑같지 않다. 그래서 손님의 입맛은 믿을 것이 못된다. 아무리 맛있는 음식도 혼자서 먹으면, 한가한 식당에서 먹으면 정말로 맛이 없는 법이다.

손님의 개별 입맛을 맞춰주려고 식당을 차린 것이 아니다. 손님의 맛 지적은 '당신과 친하고 싶으니 잘해보자'는 뜻으로 받아들이자. 지적을 많이 하는 손님에게는 가벼운 스킨십으로 '다음부터는 진짜 단골로 모시겠다'는 표현을 해주면 된다. 손님을 어루만지지 못하면 재미가 없다. 그 재미는 매출 부진으로 이어진다. 흥겨운 식당을 만들어보자. 손님이 암호를 보내기 전에 식당에서 먼저 암호를 보내자. 손님을 기억하고 먼저 멘트를 날리자.

18 손님이 바라는 인사의 스킬

기본은 인사다. 인사는 만병통치약의 핵심 재료다. 거기에 반가움과 감사함이 담겨 있다면 정말 최고일 것이다.

점주가 숫기가 없다는 것은 자랑이 아니다. 없으면 있게 만들어야 한다. 없으니까, 만들지 못하니까 단골이 없고 점점 사람들이 외면하는 것이다. 그게 도저히 안 된다면 절대 장사를 시작하지 마라. 그러면 된다.

인사를 반갑게 하려면 상대방의 정보를 알아야 한다. 명함 한 장 받아내는 것이 어려운가? 명함의 호칭만 불러줘도 상대방은 껌뻑한다. 바로 1대1 소통의 출발이다. 특히 주부들은 이름이 없다. 누구 엄마, 사모님 뭐 이런 식이다. 그래서 더더욱 주부들에게 이름을 불러주면 너무 좋아한다. 적당한 반말도 괜찮다. 때에 따라서는 말을 놓는 것도 친근함의 표현이다.

"와~ 넥타이 정말 죽이게 어울리네"

"어~ 과장님 얼굴 살이 쫙 빠졌네"

도를 넘기면 욕먹기 좋지만, 적당히 반말로 가까움을 확인시키는 것도 장사의 스킬이다. 마무리는 역시 스킨십이다. 상대방의 옷에 묻은 것을 떼어주거나 가볍게 팔등을 툭 치거나 살포시 어깨를 감싸주는 식이다. 스킨십에 진심을 담을 필요는 없다. 무덤덤한 스킨십으로 "이제 우린 친구야"라는 느낌만 전달하면 충분하다.

식당 퇴근 11시부터
아침 9시까지는

동네 주민께
주차장을 나눠드립니다.

그리고, 카메라가 여러분의
차를 지켜 드릴 겁니다.

ps)호의를 악으로 갚으시면 이 약속은 철회합니다.

19 할인보다는 덤으로 승부하라

'오늘의 이벤트! 커피 2,000원~~'

한 커피전문점에 붙은 POP 문구였다. 2,500원짜리 아메리카노를 500원 할인해 준다는 내용이었다. 그런데 2,500원짜리 커피를 500원 할인한다고 해서 '와~ 오늘은 저 가게에서 커피를 꼭 마시자'라고 생각하는 손님들이 얼마나 있을까? 설령 그 500원 할인을 고마워하는 손님들이 정말 다음에도 또 올 것인가? 커피 한 잔에 2,000원이 싸다면 싸지만, 그렇다고 싸니까 가벼이 먹을만한 그것은 아닐 수 있다. 어쨌든 물(커피) 한 잔 값이 라면 한 그릇 값과 같으니 말이다.

이경태의 훈수

꼭 할인 이벤트를 하겠다면 500원을 받지 않았다 생각하고 500원에 준하는 것을 더 얹어주는 것으로 생각해 보자. 커피전문점에서 500원으로 줄 수 있는 것이 뭐가 있을까? 김밥 한 줄의 원가가 500원 조금 넘을 것이다. 조그마한 쿠키 두어 개도 가능할 것이다. 샌드위치는 당연히 원가 500원이 넘겠지만 토스트 정도라면 가능할 것이다. 주려고 마음만 먹는다면 줄 것은 많다. 깎지 말고 덤을 생각하자.

20 뜨내기 손님도 홍보맨으로 만들어라

터미널 내에 있는 음식점에서 비빔국수를 시키자 자장면 부어 주듯이 양념장을 뿌려 주문한지 10초만에 가져온다. 사실 이런 곳에서 음식에 대한 성의와 정성을 기대하기는 힘들다. 뜨내기를 상대로 하는 입지의 신속성이 이미 고착화되어 있기 때문이다.

동네 장사는 비록 음식이 괜찮더라도 늘 오는 사람만 오니까 소문이 멀리 퍼지지 않고, 그 소문을 널리 알리기까지 시간도 오래 걸린다. 반대로 터미널에서 '공부한 대로' '괜찮게' '악 소리나게' 제대로 장사를 한다면 소문은 쉽게 퍼진다. 그것도 일부가 아닌 전국 각지로 순식간에 퍼진다. 터미널이다 보니 일부러 확인하기 위해 방문도 한다.

뜨내기만을 대상으로 하니까 막 대해도 좋다고 생각하는 것과, 뜨내기지만 손님의 특수성을 이용하여 이들을 전국적 홍보맨으로 생각하고 중요하게 대해야 한다는 개념은 분명 다른 것이다.

생각하기에 따라 이렇게 큰 차이가 있다. 그런데 터미널에는 한 번 보고 말 식당이 너무 많다. 속도가 미덕이라고 믿고, 그 서비스에 충만한 가게들만 넘쳐나는 것이 현실이다.

세상에 한 번 보는 손님은 있을 수 있지만, 그 손님이 전파하는 말은 절대 한 번으로 그치지 않는다. 손님을 한 번 보고 말 것이라고 대하는 순간, 계산 후에 일어날 무서운 혹평에 식당은 갈기갈기 찢어질 수도 있다. 손님은 귀하다. 그리고 그 손님이 남기는 평은 더 귀하고 중하다.

21 식당의 컨셉, 슬로건, 스토리텔링

컨셉은 많은 것을 설명한다. 물론 처음부터 컨셉이 명확하게 전달되긴 힘들다. 하지만 결국 컨셉은 한 줄로 설명될 수 있는 슬로건을 향해 달려간다.

슬로건은 자의적 슬로건과 타의적 슬로건이 있다. 자의적 슬로건으로 〈밥이 맛있는 식당〉이 있다고 하자. 그런데 사람들은 '밥은 별로인데' '밥보단 멸치볶음이 죽이던데! 다른 반찬도 괜찮고!' 그렇게 이 식당의 타의적 슬로건은 〈반찬이 먹을 만한 식당〉이 되는 것이다.

그러나 대부분의 손님들은 식당에 대한 이런 식의 한 줄 평가에는 상당히 인색하다. 한 줄로 설명된다는 것은 그 부분이 그만큼 강하다는 뜻인데 그럴만한 가치가 있는 식당은 사실 드물기 때문이다. 그래서 주인은 주방에서 땀을 흘리기보다는 손님들과의 접점을 통해 내 가게에 대한 이해를 돕는 멘트를 많이 날려야 한다. 하지만 매번 멘트를 날리기란 힘에 부친다. 때론 그것이 거북할 수 있다.

그렇다면 내부 POP에, 메뉴판에, 명함에, 쿠폰에, 전단에 스토리텔링을 자연스럽게 입혀야 한다. 컨셉이 확정적 슬로건을 향해 보조되는 하드웨어라면, 스토리텔링은 슬로건을 향해 보조되는 소프트웨어다.

상호를 기억하는 손님은 드물다. 그래서 스토리를 만드는 것이고, 그 스토리를 쉽게 기억하라고 슬로건을 만드는 것이다. '만나면 좋은 친구'는 MBC를 기억하게 하는 슬로건이다. 상호는 명확해서 통째로 기억해야 하지만, 슬로건은 손님마다 상상으로 자기 나름의 구체화를 완성한다. 그래서 다양한 이야깃거리가 될 수 있는 것이다. 〈아버지가 키운 소, 아들이 파는 집〉은 상호가 아니다. 슬로건이다. 있는 사실을 설명하면서 아버지가 소를 키우는 상상, 그 소를 아들이 파는 상상을 하면서 신뢰라는 단어를 슬그머니 입히는 것이다. 손님 스스로.

상해 한식당 '신당동'을 바꾸다

한국인이 상해로 건너가
상해에서 한국 식당을 차렸습니다.

당연히 메뉴는 수십 가지가 훌쩍 넘습니다.
줄이고 줄여도
중국인의 식습관을 고려할 때
여러 번 줄여도 30~40가지는 되어야 합니다.

문제는
떡볶이처럼 히트 메뉴가 나오기 전에는

외국에서 한국 음식 나열로는
어쩌면 한계가 분명할 지 모릅니다.

그래서 음식으로 풀되,
음식보다는 컨셉으로(어차피 한국 음식의 맛을 모름)
접근하는 이야기를 시작할까 합니다.

이건 한국에서도
마찬가지입니다.
개인이 브랜드를
쉽게, 무난하게
이길 수는 없습니다.

그래서
컨셉과 스토리가
필요한 겁니다.

'新堂洞'(개인 브랜드)이
훨씬 더 잘 깔아주어도
상권이 크고 체인 브랜드인
'백정'을 이기긴
쉽지 않을 겁니다.

고기를 더 줘도
값을 더 싸게 해줘도
그걸로는 싸움이 안 됩니다.

상해 '新堂洞'의 떡볶이가
항주 '서상훈떡볶이'보다
한국사람이 먹기엔 더 맛있지만

• '서상훈'은 떡볶이만 파는 전문점이고
• '서상훈'은 떡볶이 스토리가 있고

'新堂洞'은 30~40가지 메뉴 중에서
떡볶이가 주력(식당이 미는)이라는 점

'新堂洞'은
스토리가 없습니다.
그래서 스토리를 짜야 합니다.
첫 컨설팅에서는
스토리보다 컨셉을
먼저 제안했습니다.
바로
흑백TV와 칼라TV입니다.

흑백TV와 칼라TV의 차이는?

식당의 기본은 음식입니다.
음식이 기본도 못하는데 거기에 퍼포먼스 해보란다고 될 리 없습니다.
• 초보에게 권하는 메뉴로 한정식이 적합할까요?
• 자본이 적은 사람에게 권하는 메뉴로 인건비 많이 드는 횟집이
  좋을까요?
• 성격이 내성적인 사람에게 홀에서 버티라고 하면 될까요?
• 십수 년간 영업만 한 분에게 작은 주방에서 음식 만들라고 하면
  견딜까요?
'新堂洞'을 처음 만났을 때는
1) 그래서 음식의 기본기를 갖추자고 했습니다.
2) 도저히 맛을 낼 수 없는 메뉴는 버리자고 했습니다.
3) 그래도 한계가 있으니 맛보다는 컨셉(반찬을 내주는…)으로 식당을
  포지셔닝하자고 했습니다.
4) 한국에서 피자 주는 식당처럼은 못해도(음식 가격이 너무 쌈) 커피를
  이용해서 풀어보자고 했습니다.
그게 바로 흑백TV를 파는 전략이었습니다.

이제 음식에 대해서는
걱정이 없습니다.
한국에서도 통할 수준의 맛입니다.

그럼 이제 칼라TV로 넘어설 단계가 되었습니다.
(커피 경험도 이유입니다. 반찬을 줘본 경험도 이유입니다)

흑백TV(기본이 된 음식)가 아닌, 칼라TV(컨셉과 스토리)를 파는 방법

메뉴판으로 설명드리겠습니다. 그게 이해가 빠르니까요.
메뉴판에 순서를 정하는 일입니다.
메뉴를 보여주는 것이 아니라
 • 메뉴판에서 내가 하고 싶은 이야기
 • 우리 식당의 장점
 • 우리 식당의 진짜 강점이 뭔지를
 • 메뉴판에서 풀어가는 겁니다. → 손님은 메뉴판을 읽게 됩니다.
그렇다면 스스로에게 질문하는 겁니다.
"'新堂洞'은 뭐가 달라요? 어떤 게 달라요? 왜 달라요?"
이 질문에 스스로 답해서
그걸 순서를 정해서(펀치의 강도에 따라 혹은 경험에 의거해서)
메뉴판에 나열하면 되는 겁니다.
책자라면 첫 페이지부터 마지막까지
책자가 아니라면 강조 포인트를 두는 겁니다.

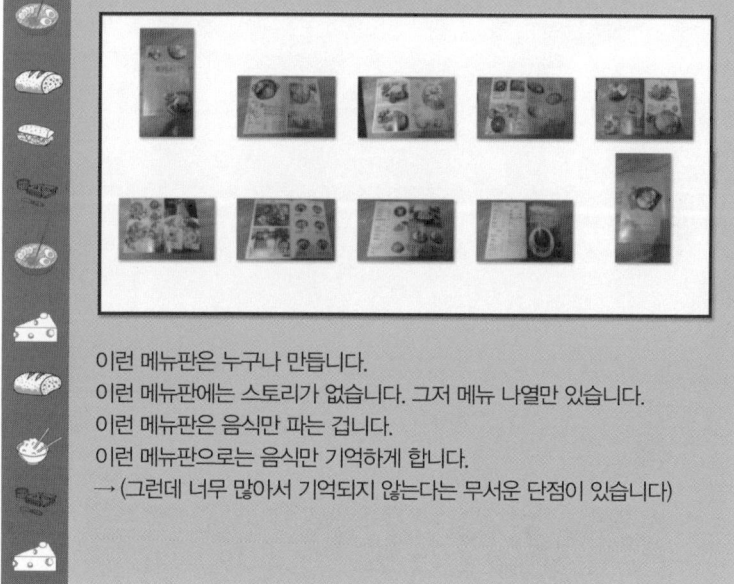

이런 메뉴판은 누구나 만듭니다.
이런 메뉴판에는 스토리가 없습니다. 그저 메뉴 나열만 있습니다.
이런 메뉴판은 음식만 파는 겁니다.
이런 메뉴판으로는 음식만 기억하게 합니다.
→ (그런데 너무 많아서 기억되지 않는다는 무서운 단점이 있습니다)

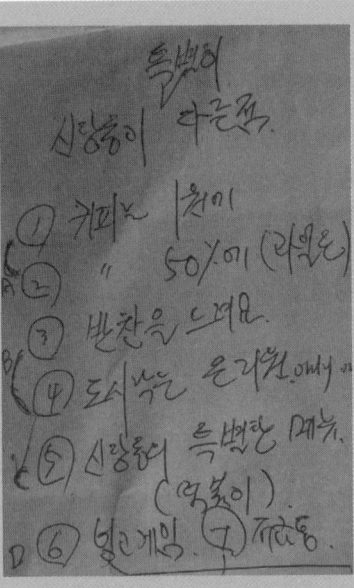

- 1차 컨설팅으로 실행한 것
  ①번 / ③번 / ⑤번

- 1차의 경험으로 추가된 것
  ②번 내용
  ④번 내용

이제 음식은 해결되었으니
한 번 도전해 봅니다.
(흑백 → 칼라TV 판매)
⑥번과 ⑦번 내용
⑤번도 쫄지 말고 통 크게

1) 아메리카노는 22원이 아니라 1원에 준다.
2) 그런데 달달한 것을 좋아하는 중국인들은 호불호가 있다.
3) 우유를 주면 좋은데, 앞뒤 안가리고 듬뿍 넣으니
   그건 과한 투자가 된다.
4) 어느날 커피 전 메뉴 50% 한 적이 있는데 난리가 났었다!
5) 그냥 원래 가격에는 팔리지 않는다. 식당 안 커피공간이어서…
결론 : 1원 아메리카노 유지 + 전 메뉴 가격수정 or 대폭할인

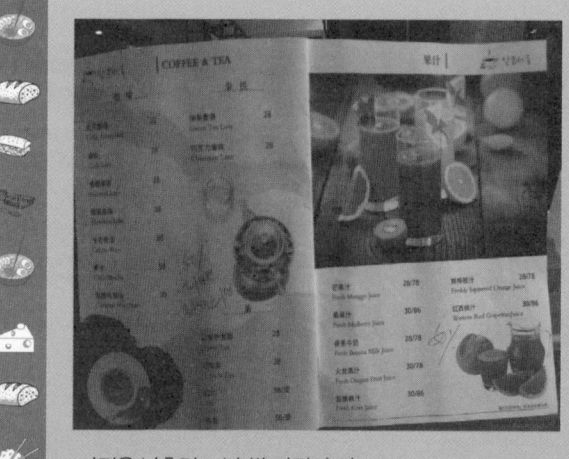

가격을 낮추면 그냥 싼 가격이 되고
가격을 할인하면 어딘가 득이라는 느낌이 듭니다.
그래서 전 메뉴 10원 책정보다는
식사 손님에 한해(단서) 전 메뉴 50% 할인으로 가는 겁니다.

한국식당 〈新堂洞〉은 다른 곳과 무엇이 확연히 다른가요?

1) 우리는 업장이 커서 별도의 커피 공간이 있습니다. 진짜 제대로 커피를
   내리는 공간입니다.
2) 식사 손님에 한해서 파격적으로 커피를 드실 수 있습니다. 괜히 다른
   곳에서 식사값만큼 커피를 제값 주고 사드시지 않아도 좋습니다.
3) 아메리카노는 1원. 다른 모든 커피와 음료는 50% 할인합니다.
4) '新堂洞'은 반찬을 드립니다. 다른 곳에선 돈 내야 먹는 반찬을 공짜로
   드립니다. 그게 바로 한국식이니까요.
5) 한국 식당에서 한국식 반찬 당연하지 않나요? 대신 셀프예요.
6) '신당동 도시락'이 있습니다. 그런데 이건 온리원 한 가지입니다.
   도시락을 한 곳에서 이것저것 돌려가며 드시지 마세요. '新堂洞'에선
   딱 하나만 준비합니다. 다른 곳에서 도시락 배달하시다가 일주일에 한
   번만 '新堂洞'에 배달주문을 눌러주세요.

   반찬에 대해서는 뒤에 설명합니다. 1차 컨설팅에서도 설명했던 것을 반복합니다.
   • 가져다 먹는다(너무 많이 퍼간다 = 원가 낭비)
   • 안 가져다 먹는다(갖다 주는 게 낫다 = 인건비도 원가)
   이 고민은 반복할 이유가 없습니다.

손님들에게
이렇게 주는데

보다 더
확실하게 뭔가 준다!
제대로 준다!는
느낌을 주려면

나무 판에 찬을 올림
(반찬 테이블을 식탁 아래에
보관하고 꺼내 올려 반찬을
담아 가져다 줄 수 있음)

한국 식당의 티가 팍팍 나겠죠?
(이걸 하려면, 반찬 테이블이 더
길어야 합니다. 바구니를 깔고
반찬을 담아 가져다 줄 수 있음)

228

인건비에 대한 걱정은 한국보다 없습니다.

물론, 상해 다른 식당도 같은 조건입니다. 다르지 않습니다.

그러나 그저 단품만 달랑 가져다주는 외국 식당과

원래 이것저것 깔아주는 한국 식당의 차별화를 보여주는 겁니다.

"그래. 역시 한국 식당에 가면 대접받는 거 같아서 좋아~~"

이걸 얻으면 되지 않을까요? 이런 인식이 깔리면 되는거 아닐까요?

처음은 무조건 전담 직원이 찬을 담아줍니다.(소량으로 담아서)

→ 모자라시면 더 가져다 드세요.(멘트와 표정 교육)

- 반찬을 가져다 먹지 않는 손님이 신경 쓰인다.(다빈님 의견)
- 반찬을 다 먹지도 않으면서 잔뜩 가져가서 남긴다.(직원들 의견)

이게 상해라서, 중국이라서 그런 걸까요?

한국이어도 마찬가지입니다.

어디에 가도 이건 마찬가지입니다.

그러니깐!

이걸 메뉴판에 표현하는 겁니다.

> 메뉴판에 넣은 디자인을
> 벽에도 포스터로 붙이면 됩니다.

"우리 '新堂洞'은 다른 식당과 다르게 한국식처럼 그대로 반찬이

준비되어 있으니 가져다 드시면 다른 식당에 비해 훨씬 맛있는 식사를

하실 수 있으니 꼭 그렇게 하십시오"

"대신 남기시면 일하고 가셔야 합니다.

일이 힘드시면, 손님 열 분 모시고 오셔야 합니다"

(애교 있게 적어서 손님이 한 번 웃게 메뉴판에 넣는 겁니다)

→ 메뉴판은 무조건 봐야 하니까요.

커피와 반찬
그리고 도시락까지
메뉴판에 적었습니다.

첫 페이지는 상호를 넣습니다.
남들 다 그렇게 합니다.
그러나
손님들에게 식당 상호는
전혀, 절대 중요하지 않습니다.

우리집에서만
즐길 수 있는 가장 큰 이로움을
첫 페이지에 담아야 합니다.

어두운 술집에서 여성을 위해
화장실 가는 약도를
메뉴판 첫 장에 설명하는 것도
장사의 고수라서 가능한
겁니다.

• 어쩔 수 없이 메뉴가 많다면
• 그걸 자주 먹게 하는 방법은?

한 달에 같은 식당 서너 번은
힘들다.
온리원이어도 힘들다.

그런데 多메뉴를 판다면?
빙고를 통해 이야기를 만들면??

그것도 이야기가 되지 않을까?
기왕 먹는 밥
이곳저곳이 아니라

한 곳에서
이것저것을 먹게 해보면 어떤가?

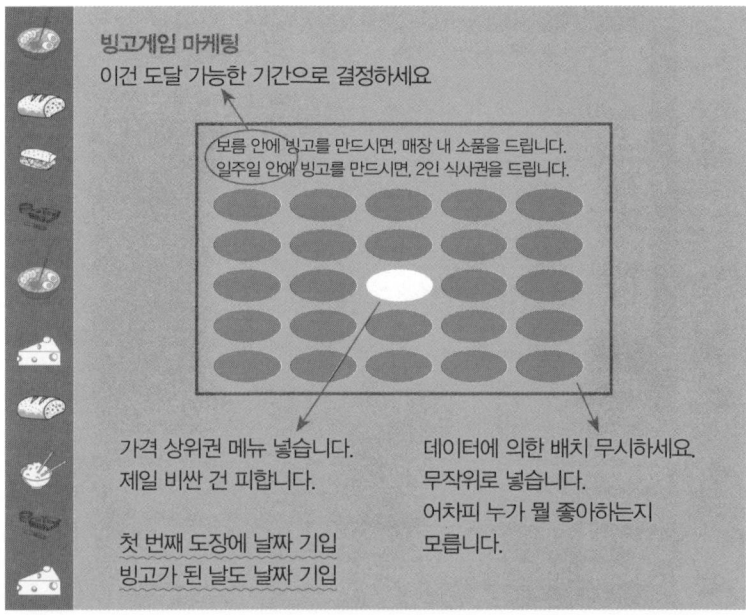

빙고게임 마케팅

이건 도달 가능한 기간으로 결정하세요

보름 안에 빙고를 만드시면, 매장 내 소품을 드립니다.
일주일 안에 빙고를 만드시면, 2인 식사권을 드립니다.

가격 상위권 메뉴 넣습니다.
제일 비싼 건 피합니다.

첫 번째 도장에 날짜 기입
빙고가 된 날도 날짜 기입

데이터에 의한 배치 무시하세요.
무작위로 넣습니다.
어차피 누가 뭘 좋아하는지
모릅니다.

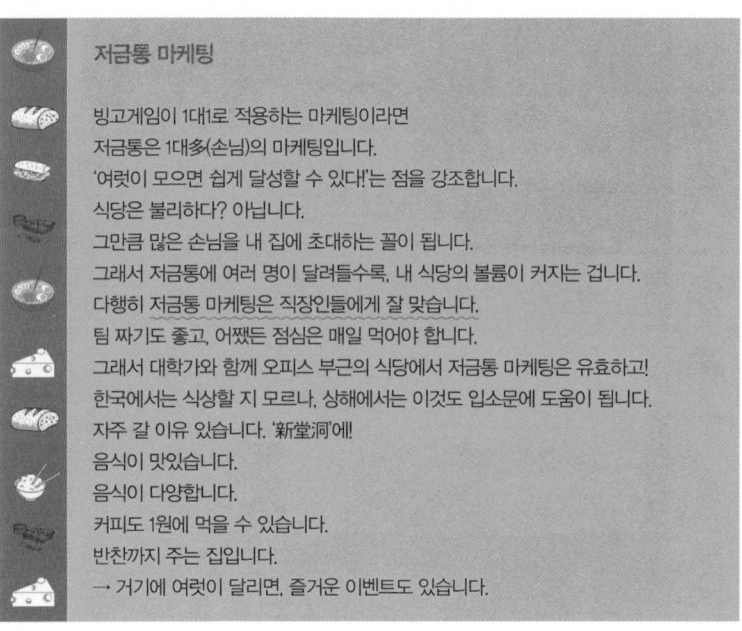

저금통 마케팅

빙고게임이 1대1로 적용하는 마케팅이라면
저금통은 1대多(손님)의 마케팅입니다.
'여럿이 모으면 쉽게 달성할 수 있대'는 점을 강조합니다.
식당은 불리하다? 아닙니다.
그만큼 많은 손님을 내 집에 초대하는 꼴이 됩니다.
그래서 저금통에 여러 명이 달려들수록, 내 식당의 볼륨이 커지는 겁니다.
다행히 저금통 마케팅은 직장인들에게 잘 맞습니다.
팀 짜기도 좋고, 어쨌든 점심은 매일 먹어야 합니다.
그래서 대학가와 함께 오피스 부근의 식당에서 저금통 마케팅은 유효하고!
한국에서는 식상할 지 모르나, 상해에서는 이것도 입소문에 도움이 됩니다.
자주 갈 이유 있습니다. '新堂洞'에!
음식이 맛있습니다.
음식이 다양합니다.
커피도 1원에 먹을 수 있습니다.
반찬까지 주는 집입니다.
→ 거기에 여럿이 달리면, 즐거운 이벤트도 있습니다.

저금통이 이 칸에
들어갈 크기면 됩니다.
반드시 투명 저금통이어야
합니다.

내경이 이렇게 생겼으니까,
실제 외경은 나무 두께에 따라
다릅니다.

그림처럼… 저금통이 들어갈 공간을 잘 만들어야 합니다.
가로 10cm, 높이 10cm, 깊이 12cm로 칸을 만들어 짜면 됩니다.

반드시 유리문을 달아서 귀하게, 소중하게 보관되어 있음을 확인해야
가치가 있습니다.
저금통은 다이소 같은 곳에서 350~400원 정도합니다.
100원짜리 동전이 약 60개 들어갑니다.

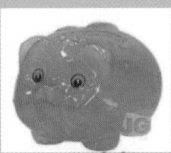

투명해야 이렇게
돈이 채워진
높이를 확인하고
경쟁감을 느낄 수
있습니다.

100원 동전이 돼지보다
많이 들어갈 것 같다면,
이런 동물도 눈에 잘 띄고
예쁠 겁니다.

어쨌든 자기가 선택한
투명 저금통에 맞춰서
장식장을 짜면 됩니다.

포맥스 '저금통 문구'

규격은 가게 사정에 따라 정합니다.

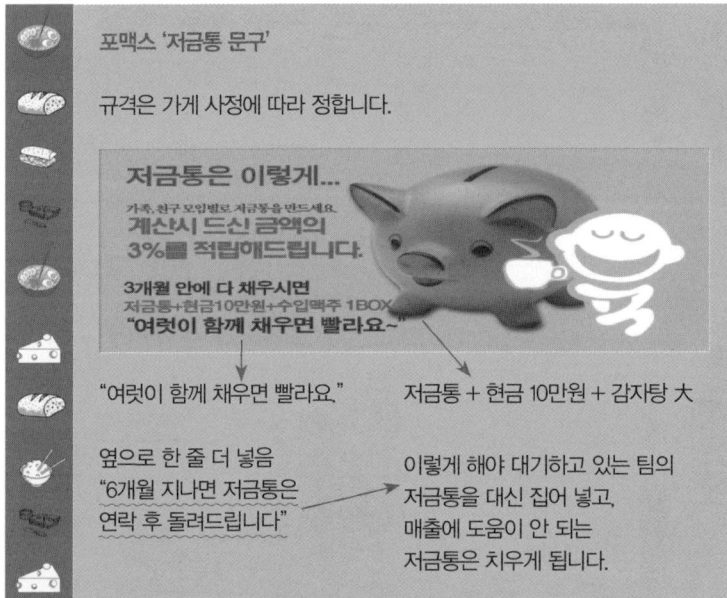

저금통은 이렇게...

가족, 친구 모임별로 저금통을 만드세요.

계산시 드신 금액의
3%를 적립해드립니다.

3개월 안에 다 채우시면
저금통+현금10만원+수입맥주 1BOX
"여럿이 함께 채우면 빨라요~"

"여럿이 함께 채우면 빨라요."

저금통 + 현금 10만원 + 감자탕 大

옆으로 한 줄 더 넣음
"6개월 지나면 저금통은
연락 후 돌려드립니다"

이렇게 해야 대기하고 있는 팀의
저금통을 대신 집어 넣고,
매출에 도움이 안 되는
저금통은 치우게 됩니다.

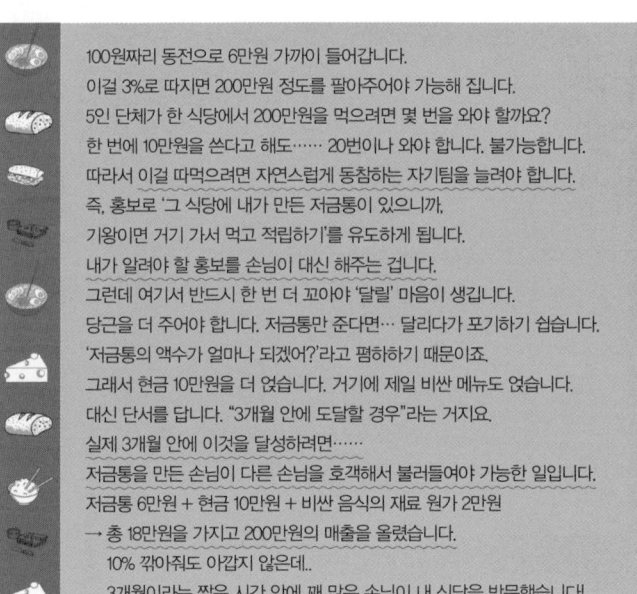

100원짜리 동전으로 6만원 가까이 들어갑니다.
이걸 3%로 따지면 200만원 정도를 팔아주어야 가능해 집니다.
5인 단체가 한 식당에서 200만원을 먹으려면 몇 번을 와야 할까요?
한 번에 10만원을 쓴다고 해도…… 20번이나 와야 합니다. 불가능합니다.
따라서 이걸 따먹으려면 자연스럽게 동참하는 자기팀을 늘려야 합니다.
즉, 홍보로 '그 식당에 내가 만든 저금통이 있으니까,
기왕이면 거기 가서 먹고 적립하기'를 유도하게 됩니다.
내가 알려야 할 홍보를 손님이 대신 해주는 겁니다.
그런데 여기서 반드시 한 번 더 꼬아야 '달릴' 마음이 생깁니다.
당근을 더 주어야 합니다. 저금통만 준다면… 달리다가 포기하기 쉽습니다.
'저금통의 액수가 얼마나 되겠어?'라고 폄하하기 때문이죠.
그래서 현금 10만원을 더 얹었습니다. 거기에 제일 비싼 메뉴도 얹습니다.
대신 단서를 답니다. "3개월 안에 도달할 경우"라는 거지요.
실제 3개월 안에 이것을 달성하려면……
저금통을 만든 손님이 다른 손님을 호객해서 불러들여야 가능한 일입니다.
저금통 6만원 + 현금 10만원 + 비싼 음식의 재료 원가 2만원
→ 총 18만원을 가지고 200만원의 매출을 올렸습니다.
　　10% 깎아줘도 아깝지 않은데..
　　3개월이라는 짧은 시간 안에 꽤 많은 손님이 내 식당을 방문했습니다!

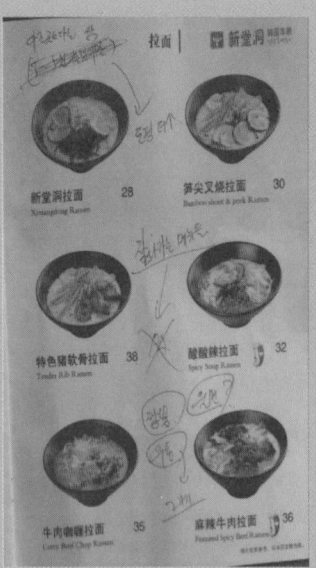

일본라면 전문 식당에 비해 쌉니다.
그런데 가격을 못 올립니다.
올리면 티가 납니다.
원래 푼돈이 더 티가 나는 법입니다.
볶음밥은 길거리보다 비쌉니다.
어디서 먹는가는 생각하지 않고
비싸다고 합니다.
이걸 만들려면 사람이 전담해야 합니다.
쟤! 비교되는 메뉴는 하지 않습니다.
그것 말고도 할 게 많으니까요.
가격 시비 거는 것도 하지 않습니다.
라면값 3원 올리느니,
떡볶이 30원 올리는게 낫습니다.

구색 맞추는 메뉴는 하지
않습니다.

이거 팔려고 차린 식당 아닙니다.
한식당에 와서 이거 찾는 사람
얼마 없습니다.

이거 팔자고 준비하다 버리는 게
더 많습니다.
그걸 따지면 이 메뉴는 일절
생각도 말아야 합니다.

아무리 맛있게 만들어도
이것 전문이 아니라서
맛이 있다고 느끼지도 않습니다.
어쩌다 만들기 때문에
사실은 평균치의 맛도 내지
못합니다.

1인분 돈가스가 있습니다.
그런데 그걸 모둠한 돈가스가 있습니다.
가격은 두 배입니다.
두 배의 값을 주고 저걸 도전할 손님이
얼마나 있을까요?
그것도 돈가스 전문점도 아닌데 말이죠.
만일 돈가스 전문점이라고 쳐도
모둠은 그저 모둠일 뿐입니다.
세트로 던져줘도 감흥 없듯이
(경험상 손님들은 세트에는 제각각의
재료비는 무조건 포함되었다고 판단)
모둠은 그저 모둠일 뿐입니다.
가격에서 유리함이 확 드러나기 전에는.
혼자서 98원짜리 돈가스…
먹을 이유 없습니다.
이것 저것 다 파는 곳에서
독특한 비주얼도 아니기 때문에..

먹는 순서에 대한 안내는
구체적일수록 좋습니다.
그것도 그림으로!

이해가 잘 되도록 표현하면
먹지 않는 손님도
그 음식을 기억하게 합니다.

먹어보지도 않고 잘 먹었다고
생각하게끔 하는데 일조하는
방법은
그림으로 자세하게, 재미나게
설명해주는 겁니다.

글자로 이해하기보다는
눈으로 이해가 더 오래 남습니다.

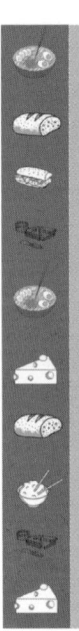

일본 라면에서 개당 3원씩 올리느니
비교되지 않는 떡볶이에서 확 올립니다.
그래도 여럿이 먹는 음식이라서
138원을 받아도
나누면 부담되지 않습니다.
단품 30원짜리를 개별로 3원 더 내고
먹는 것은 비싸지만
여럿이 10원씩 더 부담은 쉽습니다.
그게 바로 메뉴판 가격기술입니다.

오뎅탕만 주식으로 먹지 않습니다.
오뎅탕은 매운맛을 희석하는
보조재입니다.
그렇다면 이건 마진을
덜 봐도 됩니다.
혹시 모를 떡볶이 가격 부담을
이것이 줄여주는 겁니다.

떡볶이를 138원 받고
오뎅탕을 36원 받는 것과
지금의 가격대로 파는 것은
겨우 10원 차이입니다.
(한국돈 1,700원입니다)

한국 떡볶이를 제값 주고
제대로 먹었다.
+ 거기에 곁들이는 어묵이
   아주 맛있다.
+ 그런데 그 어묵값이 싸서
   좋았다.
전체적으로 훌륭한 가격구성이다.
(이렇게 풀어가야 하는 겁니다.
모든 메뉴에 마진을 넣는 것이
아니라 주력을 싸게 팔아서 값
없어 보이면 안 됩니다)

상해 '신당동도시락' 온리원으로 가다

 '新堂洞'도 상해에서 온리원 메뉴 할 수 있습니다. 얼마든지요.
'新堂洞'을 떠올리면 딱 그거 하나! 생각나게 할 수 있습니다.

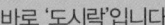 바로 '도시락'입니다.

1차 컨설팅에서도 도시락에 대해 짚어드렸습니다.
• 매장에서 파는 음식을 담아서 주는 건 도시락이 아니다.
  (중국은 그걸 도시락이라고 인정한다고 쳐도)
• 매장에서 팔지 않는 메뉴로 도시락을 만들자.
• 색다르게 만들자. → 그래서 표본을 제시했지만 그건 달라도 됩니다.
• 현재 사장님의 출중한 솜씨로 도시락 하나 유일한 메뉴로 만들어 그걸
  온리원 메뉴로 파는 겁니다.

• 도시락 주재료는 바꾸지 않습니다.
• 찬은 바꿔도 좋습니다.
• '신당동 달콤불고기 도시락' 메뉴명도 고정합니다.

 매일 주문하게 하지 않습니다. 일주일에 한 번, 열흘에 한 번만 같은
사람이 주문한다고 생각합니다. 그럼 온리원을 못할 이유 없으니까요.

'도시락'(별개의 음식)과
기존 음식을 담아 주는 건

전혀 다른 개념입니다.

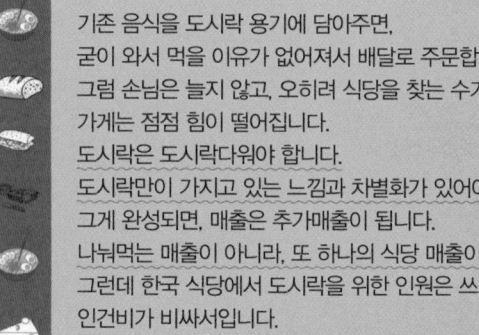

저는 도시락집에 대한 로망이 있습니다.
도시락은 무엇을 넣던 상관없습니다. 메뉴는 매일 매일 달라집니다.
도시락은 누가 먹어도 맛있습니다. 도.시.락이기 때문이고요.

도시락은 어떤 용기에 담는가에 따라서
어떤 데코레이션을 하는가에 따라서

가격은 메기가 나릅니다.
연예인들에게 맞춤형 도시락만 전문으로 하는 분도 있습니다.

무려 개당 10만원을 호가하기도 한답니다.

대한민국엔 참 너절한 도시락(프랜차이즈를 겨냥한)
진짜 일본의 기차역마다의 특색있는 도시락을 먹고 싶습니다.

실제로 보면 어떨지는 모르나....
우리나라 5, 6천원 도시락보다야.... 낫겠지요. ^^

기존 음식을 도시락 용기에 담아주면,
굳이 와서 먹을 이유가 없어져서 배달로 주문합니다.
그럼 손님은 늘지 않고, 오히려 식당을 찾는 수가 줄어서
가게는 점점 힘이 떨어집니다.
도시락은 도시락다워야 합니다.
도시락만이 가지고 있는 느낌과 차별화가 있어야 합니다.
그게 완성되면, 매출은 추가매출이 됩니다.
나눠먹는 매출이 아니라, 또 하나의 식당 매출이 되는 겁니다.
그런데 한국 식당에서 도시락을 위한 인원은 쓰기 힘듭니다.
인건비가 비싸서입니다.

그런데 상해 1호점은 인력 손발이 맞고
지금도 수십 가지 메뉴를 해내는 능력까지 있습니다.
따라서 최소 1호점만큼은 도시락을 추가해서
매출 극대화를 추구해도 좋습니다.
그리 해보시라고 권합니다.
도시락이 가진 매력을 너무 잘 알기에…

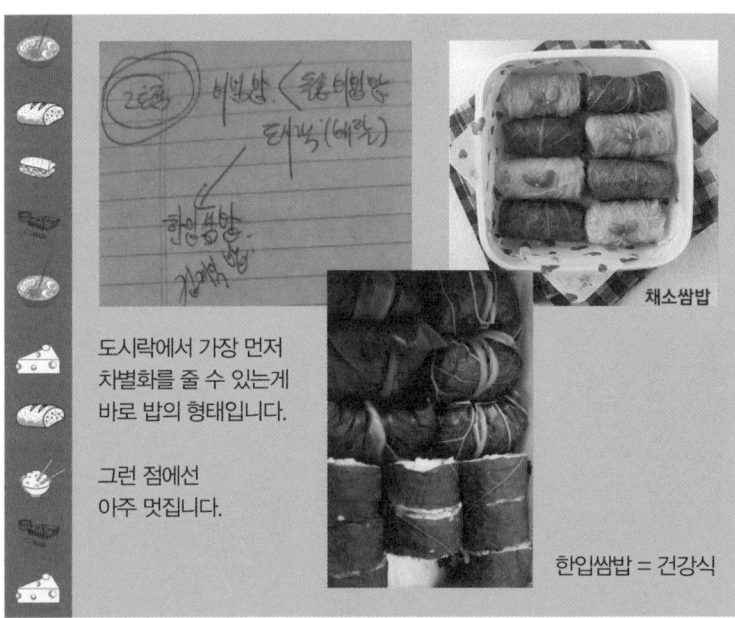

채소쌈밥

도시락에서 가장 먼저
차별화를 줄 수 있는게
바로 밥의 형태입니다.

그런 점에선
아주 멋집니다.

한입쌈밥 = 건강식

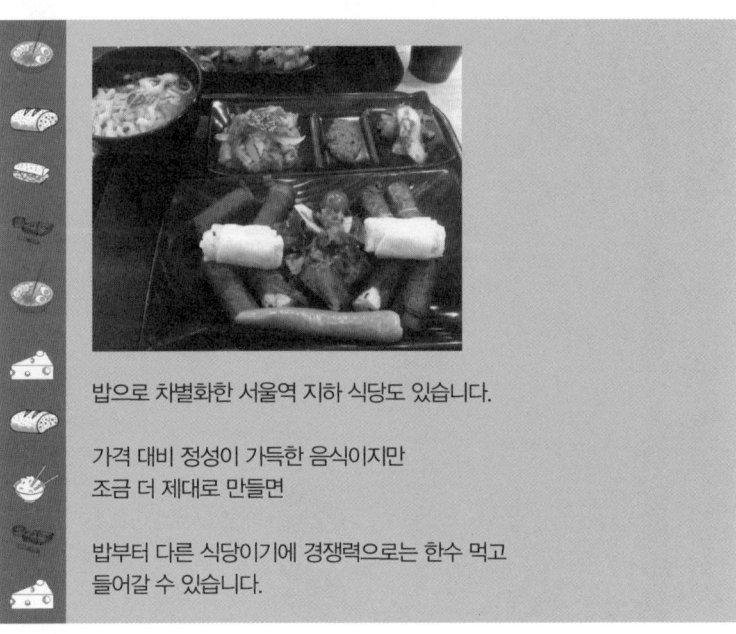

밥으로 차별화한 서울역 지하 식당도 있습니다.

가격 대비 정성이 가득한 음식이지만
조금 더 제대로 만들면

밥부터 다른 식당이기에 경쟁력으로는 한수 먹고
들어갈 수 있습니다.

커피 독특하죠?

병 값만 받고
1호점에서 서비스커피에
도전하심은 어떨까요?
^^

과일 도시락

도시락이라고 밥만 생각하실
이유 없습니다.

어떤 사람은 과일이 한끼
도시락일 수도
있습니다.

2호점은 기술을 요하지 않는
과일 도시락을 만져보시는 것도
가능하지 않을까 싶습니다.

역시나
밥을 강조한
건강 도시락입니다.

Food info

VIP도시락

엄선된 반찬과 부드러운 소불고기의 만남!

● 재료

추천 ★★★★★ 4.96

₩ 10,900

이건 상상력보다는
누구나 인지하는
도시락의 모습입니다.

파는 음식을 담지 않고,
도시락답게 만들면

이렇게 눈으로 예뻐집니다.

편의점 도시락은 차갑다.
신당동 도시락은 따뜻하다.

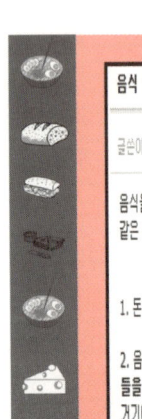

음식 담음새 직구

글쓴이 : i am 맛창 (119.64.193.184)   날짜 : 14-07-12 05:29   조회 : 211   TRACKBACK

음식을 이쁘게 세팅하고 싶다면.
같은 재료를 가지고 보다 더 이쁘게, 값어치 있게 보여지게 하고 싶다면.

1. 돈 주고 푸드코디네이터에게 의뢰합니다.

2. 음식 사진 책자를 구입해서 스스로 찾아냅니다. (음식 사진은 대개 푸드코디네이터가 세팅 후 찍습니다.) ==> **외식경영 지난호** 들을 뒤져서 나와 비슷한 음식 사진을 찾아내는 것도 **방법입니다.** (지난 호를 살 수 없다면, 외식경영 홈페이지를 들어가세요. 거기에 사진들 거진 다 있습니다)

3. 쿠팡과 같은 소셜마케팅업체의 앱을 깔아서 살펴봅니다. (사진이 근사해야 구매를 합니다)

이렇게 돈 안드는 지름길 많습니다.
<u>아무것도 참조하지 않고, 배운 적도 없는 데코레이션 하려니까 머리가 아플 따름입니다.</u>

담음새를 보시라고
건져냈습니다.

242

음식의 담음새는
재방문을 요하는,
재구매를 결정하는

아주 중요한
포인트입니다.

돈까스 도시락대회 콘테스트에 나간다면?
이 도시락으로 통수 안에 들을 수 있을까요?

만일…… 통수 안에 들 정도로 이쁘게 만들어낸다면! 그럼 재주문은 어떨까요?

후랑크소시지
방울토마토
삶은 계란 반개(메추리알)
후르츠칵테일
피쉬볼
견과류 볶은것
오이, 당근 조각

이렇게 다양하고, 이것만 이쁘
게 조금씩 담아도……
지금 돈까스 도시락보다는 훨
씬 이쁠 수 있습니다.

5~600엔 음식을 파는 식당입니다.
따라서…… 도시락 가격이 그보다는 쌀 겁니다.

이 도시락을 보면서 그런 생각을 했습니다.
이집은 전념을 해서 장사를 하는구나……

다른 식당은 들어 온 사람에게만 팔고… 그것도 식사 시간이 끝나면 불 끄고 저녁까지 쉬는데… 이 집은 24시간 영업을 하고, 저렇게 바깥에다 도시락으로도 매출을 올리려고 하는구나. 그런 생각이 들었습니다. 그리고 그 집이 미뻐보였습니다.

일본에 갔을 때. 아무렇지 않게 바깥에
도시락을 진열해 팔던 식당을 봤습니다.
사람도 지키지 않고..

기존 '新堂洞' 메뉴를
도시락화 하신다면
참고하시라고
찾아보았습니다.

시장에서도
외부 식당들과
싸우기 위해서
도시락 컨셉으로
대성공한
케이스입니다.

맛? < 맛창스럽다!

대한민국엔 **3가지 형태의** 식당이 있습니다.

70%쯤의 개인식당

30%쯤의 체인식당

맛있는 창업
0.001% 맛창식당

http://www.jumpo119.biz

이경태의 **맛있는 창업**

맛창스럽다.는
신뢰해도 좋은 식당의 동의어
맛창답다.는
음식값이 아깝지 않음을 뜻합니다.

서울 맛창식당

- 가락동 **가락동초밥집**
- 공릉동 **아이엠까스**
- 묵 동 **아빠는 막걸리**
- 면목동 **사가정칼국수**
- 미아리 **감자탕의 비밀**
- 번 동 **번동참싱싱**
- 창 동 **백년설렁탕**
- 한양대 **청춘초밥**
- 흥 대 **서양밥집**
- 봉천동 **신나는아구찜**
- 화곡동 **소바와숙녀**

- 공릉동 **아이엠부대찌개**
- 묵 동 **그남자의가브리살**
- 문래동 **오타루우동집**
- 미아리 **京城양꼬치**
- 미아리 **동태한그릇**
- 상암동 **달콤한어부**
- 성신여대 **소르빌로**
- 종 로 **철이네감자탕**
- 행당동 **만두전빵**
- 효자동 **효자동초밥**

호남권 맛창식당

- 광주시 수완동 **고장난소바**
- 광주시 수완동 **빛나는감자탕**
- 광주시 구시청 **길맥주**
- 광주시 전남대 **길맥주**
- 광주시 동천동 **김밥집**
- 광주시 진곡산단 **남쪽마을 돌짜장**
- 광주시 운암동 **탱고아구찜**
- 광주시 일곡동 **오늘부터애간장**
- 광주시 웅봉동 **원기옥**
- 광주시 매일동 **파이팅고등어**
- 광주시 우산동 **호가담**
- 전남 화순읍 **그남자의가브리살**
- 전남 화순읍 **소바한그릇**
- 전남 화순읍 **화순집**
- 전남 담양군 **제크와돈까스**
- 전북 군산시 **갈비스토리**

수도권 맛창식당

- 안양시 안양동 **청수골감자탕**
- 안양시 호계동 **아이러브돼지갈비**
- 안양시 석수동 **우리동네우동집**
- 수원시 화서동 **채상궁**
- 성남시 서현동 **연경**
- 성남시 서현동 **경자씨육개장**
- 성남시 정자동 **스시생선가게**
- 남양주시 다산동 **공부장호프**
- 화성시 반송동 **볏짚돼간살**
- 용인시 신봉동 **엄마는스테이크**
- 용인시 백암면 **솔솔우동**
- 양평군 양수리 **양수리한옥집**
- 양평군 강하면 **거북선해물찜**
- 부천시 역곡동 **동태한그릇**
- 고양시 대화동 **스시윤**
- 고양시 지축동 **북한산우동집**
- 용인시 상지석동 **파주돌짜장**
- 곤지암 오향리 **곤지암돌짜장**
- 광주시 중대동 **장지리막국수**
- 광주시 원당리 **퇴촌돌짜장**
- 광주시 오포읍 **추자리돌짜장**
- 가평군 청평면 **청평돌짜장**

충청권 맛창식당

- 대전시 갈마동 **우리동네감자탕**
- 대전시 목동 **먹갈매기**
- 대전시 신내 **산내돌짜장**
- 대전시 유성 **도레미아구찜**
- 대전시 수통골 **수통골돌짜장**
- 대전시 법동 **계족산 두부전골**
- 청주시 내덕동 **금용**
- 청주시 무심천 **쾌걸동태탕**
- 세종시 호려울마을 **오늘은 두부**

영남권 맛창식당

- 대구시 동성로 **스시네코**
- 대구시 동성로 **작은방**
- 대구시 동성로 **캔디와철수의부대찌개**
- 대구시 송현동 **우리동네동태탕**
- 대구시 송현동 **청마루**
- 대구시 매곡리 **꽃잔디식당**
- 대구시 옥수동 **남자의부엌**
- 대구시 동천동 **엄마는아구찜**
- 대구시 삼산동 **땡큐삼겹살**
- 대구시 가창 **가창닭갈비**
- 경산시 대구대 **통큰감자탕**
- 경산시 사동 **남자의부엌**
- 경산시 압량면 **경산돌짜장**
- 창원시 반송시장 **돼지조개**
- 창원시 율호동 **고집쎈동태**
- 창원시 기포 **우동한그릇**
- 창원시 주남 **주남저수지돌짜장**
- 창원시 감계리 **남양토담오리**
- 김해시 삼방동 **450도고등어**
- 양산시 북정동 **누리마실**
- 부산시 기장 **기장끝집**
- 부산시 정관읍 **로망스아구찜**
- 울산시 상북면 **가지산돌짜장**

강원권 맛창식당

- 삼척시 터미널 **삼척수제비**

중국 맛창식당

- 연길 **라궁**
- 연길 **라궁불고기**
- 연길 **오두막 막걸리**
- 상해 **신당동**
- 항주 **서상훈떡복이**
- 심천 **(개업준비중)**

3시간 투자하고, 3번 정독하라!
30일 뒤 당신의 식당이 바뀔 것이다!

평범함을 비범하게 바꾸는 식당 컨셉의 비밀

"식당, 고수로 가는 법, 하수로 가는 길"

하루 30분 공부하는 식당만이 살아남습니다.

공짜 음식이 없듯이 공짜 배움은 시간낭비입니다.

온리원이 넘버원이다

식당의 정석

이경태 지음 / 246쪽 / 14,000원

연명하는 식당으로 살 것인가?
내일이 기대되는 식당으로 살 것인가?

온리원 식당으로 행복을 찾은 사람들

아무것도 하지 않으면 아무 일도 일어나지 않습니다.
이미 망했다고 생각하고 진짜로 장사의 맥을 만져보려고 노력할 것인가는
여러분의 선택에 달려 있습니다.

사람들은 왜
한 가지만 잘하는 식당을 찾을까?

이경태, 맛있는 창업 지음 / 260쪽 / 15,000원

1%의 비밀, 관여도에 답이 있다!
살아남는 식당은 1%가 다르다

초판 1쇄 발행 2017년 9월 10일
초판 2쇄 발행 2018년 11월 10일

지은이 **이경태**
펴낸이 **백광옥**
펴낸곳 **천그루숲**
등   록 2016년 8월 24일 제25100-2016-000049호

주   소 (06990) 서울시 동작구 동작대로29길 119, 110-1201
전   화 02-594-7163 팩스 050-4022-0784
이메일 ilove784@gmail.com

인쇄 예림인쇄   제책 바다제책

ISBN 979-11-88348-02-2 (13320) 종이책
ISBN 979-11-88348-03-9 (15320) 전자책

이 도서의 국립중앙도서관 출판예정도서목록(CIP)은 서지정보유통지원시스템 홈페이지(http://seoji.nl.go.kr)와
국가자료공동목록시스템(http://www.nl.go.kr/kolisnet)에서 이용하실 수 있습니다.
(CIP제어번호 : CIPCIP2017020878)

※ 이 책은 〈장사, 이번엔 제대로 해보자〉를 새롭게 개정한 책입니다.